失敗から学ぶ登山術

トラブルを防ぐカギは計画と準備にあり

大武 仁

ヤマケイ新書

目次

【第2章】山選びから出発までの流れ 139

コラム

＊本書に記載した電車やバスの時刻などのデータには山行当時のものがあり、２０２１年８月時点で変更されているデータもあります。
＊本書に掲載している地図は、国土地理院発行の数値地図および地理院地図を使用して作成したものです。

カバーフォーマット＝尾崎行欧デザイン事務所
本文デザイン・ＤＴＰ＝浅野仁史（ローヤル企画）
校正＝與那嶺桂子
写真＝大武 仁、高村 薫、横井広海
地図作成＝北村優子（シグメディア）
編集＝安武 大、佐々木 惣（山と溪谷社）

はじめに

下山が遅くなる、コースの途中でバテる、間違ったコースに進むなど、登山中に予期せぬアクシデントやトラブルに直面することがある。暗くなって身動きがとれなくなったり、疲れ果てて行動できなくなったりし、自力で下山できずに救助を要請した場合には遭難になる。事故の状況が悪かった場合には救助を要請せざるを得ず、登山中にアクシデントやトラブルを起こさないことが遭難を防ぐことにもなる。

下山が日没後になる、疲労して転倒するなど、登山中のアクシデントの発生状況を見ると、山行計画の立て方の失敗や事前の準備不足に原因があったケースが多い。また、めざす山の頂上まで到達できなかったり、お目当ての花に出会えなかったり、山行のいちばんの目的を果たせないまま下山することもある。こうした失敗も計画のミスや準備不足によって引き起こされたものが少なくない。

本書の第1章では登山中に起こりやすい失敗パターンを紹介し、なぜそのアクシデントが起きたのか（山行計画のどこに問題があったのか、どんな準備が足りなかったのかなど）を考察していく。失敗パターンは「コース選びの失敗」「スケジュール組みの失敗」「下調べ不足による失敗」「準備不足による失敗」という4つのジャンルに分けていて、紹介しているパターンの多くは実際にあった事例だ。また第2章では、第1章で学んだポイントを踏まえながら、山行計画の立て方と準備の進め方の流れを解説する。

仕事における事前準備の大切さを表わす「段取り八分、仕事二分」という言葉がある。「段取り八分」とは実際の仕事に取りかかる前のリサーチや調整などの準備に全体の8割の力を注ぐことを意味しており、きちんとした準備をすれば仕事の8割は終わっているという意味にもとれる。

山登りも同様で、登山前の準備が大切。自分の体力レベル・技術レベルを考えながら最新情報をチェックして登山コースを選び、コースや山行スタイルに合わせて必要な装備を用意し、登山に向けて体調を整える。しっかりした準備を行なうことが安全で快適な山歩きに結びつく。「安全登山は準備が8割」と言っても過言ではないのだ。

【用語解説】　本書で多く出てくる表現の意味を解説しよう。

■山行計画を立てる

いつ、誰と、どの山に、どのような日程で行くのか。そして、その山へはどのようなアクセス手段を使って行き、どのような登山コースを歩くのかという登山の予定を決めること。なお、山行計画と山行プランは同じ意味で使っている。

■スケジュールを組む

スケジュールとは時間表や日程のことで、本書では出発や到着などの予定時刻を決めることを「スケジュールを組む」と表現している。つまり、何時に登山口の最寄りのバス停に着き、何時に登山口から歩き始め、何時に下山するかという時間割りを行なうこと。

■準備する

実行に向けて必要なものを用意したり、態勢を整えておくこと。本書で「登山の計画と準備」と表現している場合、歩く予定のコースの状況を調べたり、山行に必要となる装備をそろえたり、山行に向けて体力づくりをすることなどが「準備」にあたるが、広い意味では山行計画を立てることも準備に含まれる。

第1章

失敗パターンから考える計画と準備のポイント

コース選びの失敗①

残雪の多い山でアクシデントが多発する

■雪や霧でルート探しに苦戦する

埼玉に住むAさんとBさんは高校時代からの友人で、3年前から一緒に山登りを始めた。主に秩父や奥武蔵の低山に登っていて、昨年は紅葉シーズンにロープウェイを利用して上越国境の谷川岳に登った。6月に入ってAさんは2000m級の山に登りたいと考え、新潟の越後駒ヶ岳（2003m）へ行こうとBさんを誘った。越後駒には初夏にも多くの残雪がある。2人は雪上を歩いた経験がほとんどないので、Bさんは残雪が少なくなるころに行くほうがいいのではないかと反対したが、Aさんは初夏であれば雪も軟らかくなっているので歩きやすいだろうと考えてBさんを説得し、6月下旬に行くことになった。コースは北東側の枝折峠から登るメインルート。標高1890m地点にある駒の小屋に泊まる1泊2日の日程にし、好天の日を狙って行くことにした。残雪に備えて2人は山行前に6本爪の軽アイゼンを購入し、トレッキングポールも用意した。

初日はまだ暗いうちにAさんのマイカーで埼玉を出発。7時に枝折峠に到着して歩き始める。まずまずの好天で、コース沿いではシラネアオイやカタクリなどさまざまな花が見られ、2人は花の写真を撮りながら順調に高度を上げていった。やがて登山道上に残雪が現われるようになる。何度か残雪上を歩いた後、2人は雪渓の横を登っていったが、生い茂る笹に行く手を阻まれてしまう。どこかでコースを間違えたようで、2人は登ってきたルートを引き返す。雪渓上にトレース（踏み跡）が続いていたので、そのトレースをたどると雪渓の末端で登山道に戻ることができた。

百草（もぐさ）ノ池を過ぎると傾斜が増してきて残雪も多くなってきたが、雪は軟らかめだったので軽アイゼンを着けずに登る。雪渓を通過して急傾斜の岩場を越えると台地上に出て、駒の小屋に到着した。正面に越後駒ヶ岳の山頂部が見えたが、小屋から上部は残雪に覆われている。小屋の中に入ると誰もおらず、管理人も不在のようだった。明日は曇りの予報だったので、天気のよいこの日のうちに山頂に登ることにし、2人は小屋の前で軽アイゼンを着ける。初めてのことなので説明書を見ながら装着したが、Bさんは「うまく歩けるかな」とやや不安そうだ。

14時すぎ、小屋を出発。小屋の左手から主稜線へと続くトレースをたどっていくと、登るにつれて霧が立ち込めてきた。2人は慎重に登り、越後駒ヶ岳と中ノ岳を結ぶ主稜線上に出て右へ進むと、間もなく越後駒ヶ岳の山頂に到着した。山頂からの眺めはすばらしく、展望を楽しみながら休憩する。10分ほどするとだいぶ霧が濃くなってきたので、下山を開始する。山頂から主稜線上を戻り始めたが、あたりはすっかり霧に包まれて駒の小屋も見えなくなり、2人は主稜線上から分かれる駒の小屋へのトレースを見落として中ノ岳方面へ進んでしまう。スマートフォンのGPSで確認すると70～80mくらい中ノ岳側に進んでしまっていたので、主稜線上を戻りながらトレースを探す。雪があって視界がきかないとルートを見失いやすく、Aさんは注意して歩かなければと気を引き締める。少し戻ると右に分かれるトレースがあった。Aさんがそのトレースを下り始めたとき、かかとを雪面に強く踏み込んで尻もちをつき、斜面を滑りそうになる。見ていたBさんが思わず「おっかねー」と声を上げる。2人はトレースどおりに下っていったが、霧で周囲の様子がわからないので、本当にこのトレースでいいのだろうかと心配になる。しばらく下ると霧が切れて左手前方に駒の小屋が見えてきて、ひと安心。2人は15時半に小屋に戻った。

■雪渓のトラバース時にアクシデントが

2日目は朝から霧が立ち込めていた。越後駒ヶ岳の山頂部は見えたり、霧の中に隠れたりを繰り返す状況で、きのう登頂しておいてよかったと2人で話す。朝食を済ませてパッキングを終え、2人は7時ごろに枝折峠へ向けて下山を始める。

６月中旬の越後駒ヶ岳の登山道。６月中は残雪が多く、雪上を歩く箇所もある

越後駒ヶ岳山頂近くから荒沢岳方面を眺める。駒の小屋から上部は雪に覆われている（６月中旬撮影）

台地上から急な岩の道を下った後、雪渓に出て軽アイゼンを着ける。Aさんは雪渓上に続くトレースをたどっていったが、いつの間にかトレースから外れていた。雪渓上を登り返しながらトレースを探すと左側にトレースが見えたので、そのほうへ斜面をトラバースしていく。雪上をトラバースするのは難しく、Aさんは足場をつくりながら慎重に進んでいった。

トレースまでもう少しという所まで来たときだった。Bさんが「あっ!」と声を上げ、斜面を滑り落ち始めた。前を歩くAさんが振り向いたとき、Bさんはすでに2mほど滑落しており、Aさんは「Bー!」と叫んだが、Bさんの姿は霧の中に消えていってしまう。Bさんが滑り落ちていく音だけが聞こえてきたが、間もなく「ざざっ」と聞こえた後に音が止まった。Aさんは「Bー!」と大声で呼んだが、返事はない。Aさんは急いで音がしたほうへ下り始めたが、慌てていたためスリップして尻もちをついてしまう。自分まで滑落してしまったら、Bさんを助けるどころではなくなってしまう。落ち着いて行動しなければとAさんは自分に言い聞かせる。AさんはBさんの名前を呼びながら雪渓を下っていったが、やはり返事がない。Bは返事もできないほどの状態なのだろうかと不安が高まる。Bがケガをして動けなかったら地元の警察署に救助を要請すればいいのだろうか。もともとBは残雪の多い時期に越後駒へ来ることに反対していた。Bになにかあったら自分のせいだと感じ、Aさんは胸が締めつけられる思いだった。

そのとき、「Aー」というBさんの声が聞こえてきた。よかった、Bは生きていて意識もある。Aさんは「いま行くから！」と叫んで声のほうへ向かった。やがてBさんの姿が見えてきたので「大丈夫？」と大声で尋ねると、「どうかな……」という弱々しい返事。Bさんは笹ヤブに足を突っ込んだ状態で仰向けになっていた。AさんはBさんのそばに行って「どこが痛む？」と聞くと、よくわからないという答えだった。AさんがBさんの全身を観察してみると出血したり、ウエアが破れたりしている箇所はなかった。Aさんは「座ることはできる？」と言いながらBさんの上半身を起こし、足を伸ばした状態で座らせる。「どこか打った所はない？」と尋ねると「手や腕は多少痛い気がするけど、強く打った所はないと思う」とBさん。口調もだんだんとしっかりしてきたので、Aさんはほっとする。Bさんはトレッキングポールを持っていなかったのでどうしたのかと聞くと、雪面にしがみつこうとして途中でポールを放り出したという。確かにBさんの手のひらや指にはすり傷が何カ所もあった。周囲を見渡してみると岩が露出している所もあり、岩に突っ込まなくて本当によかったと2人で話す。

Aさんが斜面を登ってBさんのトレッキングポールを回収して戻ると、Bさんは立ち上がっていて「大丈夫、歩けそうだ」と言う。Aさんはどうやって登山道に戻るのがいいのかを考える。GPSで確認すると2人は登山道の東側にいたが、Aさんたちがいる地点と登山道の間には笹ヤブもあるので、やはり雪渓を登り返した後にトレースをたどって登山道に入らなければならない。雪渓をトラバースするのはなるべく避けたいので、2人は笹ヤブに沿って西に移動した後、雪渓を斜めに登ってトレースに入った。そして、雪渓の通過を終えて登山道に出て、百草ノ池に着いて休憩する。Bさんが右足のすねのあたりが痛いというのでパンツをたくし上げてみると、すねが赤く腫れていた。どうやら滑落したときになにかにぶつけたようだ。腫れた箇所を冷やすためにAさんはポリ袋に雪を詰め、袋をBさんに渡した。

行動食を食べながら20分ほど休むと、Bさんが「大丈夫だからそろそろ行こうか」と言って立ち上がった。「もう急な箇所はないからゆっくり行こう」とAさんは声をかける。その後も何カ所か雪渓を通過しながら2人は往路を慎重に戻り、13時すぎに枝折峠に下山した。

解説

■ 実力以上のコースを歩いたことがトラブルの原因に

Aさんと Bさんが転倒や滑落をしてしまったのは雪上の歩行技術が未熟だったためだろう。雪上を歩いた経験がほとんどない2人には、残雪の多い時期に越後駒ヶ岳のコースを歩くのは厳しかった。残雪の山を歩くために必要となるのは歩行技術だけではない。登山道が雪に覆われている場合にはどのようなルートをとって進んでいくのかを自分で判断しなければならない。そうした判断力や進むべきルートを見極めるルートファインディング力は登山経験を積み重ねながら身につけていくもの。２人に技術と経験が足りなかったことがアクシデントに結びついたといえる。

自分が備える技術力や体力を上回るグレードの登山コースを歩くと、この例のように滑落や転倒などのアクシデントにつながりやすい。毎年、体力やテクニックの不足から登山中に行動不能になったり、岩場や雪渓で滑落したりする遭難事故が多発している。一例を挙げると、２０２１年６月に北アルプスの常念岳(じょうねん)から燕岳(つばくろ)へ縦走中だった男性が技量不足によって雪渓上で足を滑らせて滑落する遭難が発生している。このような事故を起こさないために、山行計画を立てるときには自分の実力（体力・技術力）に見合った登山コースを選ぶことが大切で、これは山選びのときに最も重要なポイントの一つだ。

今回、Ａさんたちは駒の小屋の前で初めて軽アイゼンを装着したが、滑落のおそれがある残雪の山で初めてアイゼンを着けて歩くのはリスクがある。たとえば、降雪直後に地元の低山に行くなどして何度か軽アイゼンを着けて歩く経験を積み、アイゼン歩行に慣れてから越後駒ヶ岳を訪れたほうがよかった。

アイゼンに限らず、登山用具の使い方は山行前にマスターし、用具に慣れておきたい。たとえば、ザックの場合は担いだ後にベルトやストラップをどの順番で、どのような強さで締めればいいか。トレッキングポールはどれくらいの長さで使用し、どのような位置にポールを突けばいいかなどだ。正しい使い方をマスターすることによって、その用具がもつ機能を最大限に生かすことができる。また、新しい用具を購入した場合には扱い方を覚えておこう。たとえば、新品のテントを雨が降っているときや日没直前に設営することもあるので、事前に試し張りをしてスムーズに設営できるようにしておきたい。バーナー（ストーブ）やランタンなどの装備も使い方を覚えてから山に携行しよう。

【失敗例に学ぶポイント】

① 自分たちの登山レベル（体力度・技術度）に合ったコースを選ぶ

② 登山用具の使用法をマスターし、扱い方に慣れておく

コース選びの失敗②

初心者のいるパーティで難路を下って下山が深夜に

■登りはスムーズだったペースが下りで一転する

登山歴35年を超えるベテランのＣさんには、15年ほど前の30代半ばに経験した忘れられない山行がある。会社の後輩・Ｄさんが知り合いの女性３人を連れて９月半ばに谷川連峰の谷川岳へ行くことになり、その登山に同行することになった。Ｃさんはこれまで何度かＤさんと山行をともにし、テント泊で雪山へ登ったこともあった。一緒に行く女性３人の登山経験はというと、山登りを趣味とするＥさんは中級レベルだったが、Ｆさんは初級者、Ｇさんは高尾山に登ったくらいの経験しかない初心者だった。

Ｄさんが立てた計画は、谷川岳ロープウェイのベースプラザにマイカーを駐車し、ロープウェイを利用して天神平（てんじん）駅から天神尾根をたどってトマの耳まで登るプラン。天神平駅からトマの耳までは標高差が約６４０ｍで、コースタイムは登り２時間20分、下り１時間50分ほど。山行当日は雲が多く、時々日が差す天候だった。一行は天神平駅から順調に登り、11時すぎ、ほぼコースタイムどおりにトマの耳（１９６３ｍ）の頂上に立った。

Ｃさんはトマの耳から同じコースを下るのだと思っていたが、Ｄさんは西黒（にしぐろ）尾根を下るという。西黒尾根経由でベースプラザまで下った場合のコースタイムは3時間10分。西黒尾根の上部は急傾斜の岩場が続き、体力度と技術的な難易度は天神尾根よりもずっと高くなる。Ｃさんは天神尾根を下ったほうがいいと反対したが、時刻がまだ11時半だったので、ゆっくり下っても16時前には下山できるから問題ないとＤさんは主張した。このときＣさんは、これまでもＤさんの向こう見ずな計画に振り回されることが少なくなかったことを思い出したが、この時点では女性３人はいたって元気だったので、下りであればまあ大丈夫だろうと考え直し、西黒尾根を下ることになった。だが、この判断が大きな誤りだった。

分岐から西黒尾根へ進むと岩場が現われ、次第に傾斜が増してくる。これまで長い岩場を通過した経験のないＦさんとＧさんは不安そうだった。岩場の下で待つＤさんはその様子を見て「大丈夫、オレの胸に飛び込むつもりで下りてこい」と、どうでもいいような冗談を言う余裕が初めのうちはあった。さらに急な岩尾根が続き、ＦさんとＧさんが下るのに大苦戦するような箇所も現われる。そうした所では２人に足場やホールドを一つ一つ指示したため、一つの難所を通過するのにかなり

急傾斜が続く西黒尾根には鎖のつけられた岩場がある

の時間がかかり、冗談を言うような余裕は次第になくなっていった。このままでは日暮れ前に下山するのは難しいとCさんは思い始めたが、すでに分岐まで登り返すような位置ではなかった。

下り始めて3時間ほどが経過したころ、Gさんが「あとどれくらいかかりますか」と不安そうに尋ねた。その地点の標高はまだ１４４０ｍくらいで、距離的にも、標高から見てもトマの耳からまだ半分も下っていなかった。このペースではあと5時間以上はかかり、下山は夜8時くらいにはなってしまうだろう。だいぶ疲れた様子のGさんにそう告げるのは酷だと思ったのか、Dさんは「今、だいたい半分くらいの位置かな……」と答えた。それを聞いてFさんが「どうしてこんな大変なコースを選んだんですか！」と語気を強めて言った。Fさんの怒りはもっともなこと。たとえ詫びろと責められても仕方のない状況で、「ですよねぇ」とCさんも同調したかったが、今は少しずつでも下っていくしかない。CさんもDさんと一緒に頭を下げながら3人を励ますしかなかった。

ようやく岩場を抜けて樹林帯に入ったころにはすっかり日も暮れ、周囲はどんどん暗くなっていった。この樹林帯の下りも長い。Gさんは疲れから足で歩くのをあきらめ、途中から登山道に座った状態で腕を使ってお尻を滑らせるようにして下るようになった。幸いなことに、この日は夜風が気持ちよく感じるような快適な温度。ツエルトやレスキューシートを携行していたので、Dさんはツエルトに入って少し長めの休憩をとることを提案したが、FさんとGさんは早く山を下りたいという。やがてFさんも座ったまま腕を使って下るようになったが、しばらくして先頭を歩くEさんの「道路に出たよ！」という声が聞こえてきた。あとは舗装された道を緩く下っていけばいい。道路に出てからGさんはDさんの肩につかまりながらなんとか歩き、やっとの思いでベースプラザに到着。時刻はもう22時を過ぎていた。

解説

大きな遅れになった原因は

疲れて歩くペースが遅くなり、下山時刻が遅くなってしまうのはよくあることだが、もしメンバーが登山経験の豊富なC・D・Eの3人であったなら、西黒尾根をスムーズに下ることができただろう。だが、このパーティでいちばん経験の少ないGさんが無理なく歩けるコースを選ばなかったことが失敗だった。パーティ登山ではいちばん体力のない人、経験の浅い人に合わせたコースを選択したい。

谷川岳山行の前までGさんは高尾山に登った程度の経験しかなかった。高尾山口駅から琵琶（びわ）滝経由の6号路を登って稲荷山コースを下った場合のコースタイムは約3時間で、累積標高差は登り約

６９０ｍ、下り約７００ｍ。一方、今回の谷川岳のルートはコースタイム５時間30分、累積標高差は登り約７９０ｍ、下り約１３７０ｍ。歩行時間が高尾山より２時間30分ほど長く、下りの累積標高差も倍近くある。また難所がほとんどない高尾山に対し、西黒尾根の上部は急峻な岩場が続き、技術的な難易度も２段階は上がる。

登山中に多少疲れる程度であれば下山の遅れが数時間になることはない。だが、西黒尾根のグレードは高尾山レベルの山から体力度・技術度ともぐんと上がってしまい、経験の少ないＧさんが備える体力・テクニックとの差が大きくなったので、下山時刻が深夜になってしまったのだろう。ＣさんとＤさんのフォローがなければＦさんとＧさんは岩場を下降することも難しかったと思われる。

これまで訪れたことのあるコースからグレードを一気に上げた場合、歩き通せたとしてもシビアな状況に追い込まれてしまうことがある。私は雪山登山の経験が少なかった20代のころ、先輩に連れられて雪の中央アルプスへ行った。そのときの下りで、先輩が予定していたコースから外れてバリエーションルートへと進んだ。そのルート中には雪庇が張り出した切れ落ちた稜線を通過する箇所もあり、ロープで確保されているとはいえ、私には生きた心地がしない場面が多かった。帰りの車の中で、雪山初級者の私には無謀といえるコースへ連れていくような先輩からの誘いは、今後はなんとしても断るようにしないと、天寿を全うすることができなくなると思った。自分の実力をはるかに上回るグレードのコースでは、山を楽しむどころではなくなってしまう。この谷川岳山行は、Fさんと G さんにとって人生の中で体力的に最も苦しい思いをした体験になってしまったのではないだろうか。このような事態にならないように、歩くコースのレベルを上げるときには体力度・技術度のどちらかをワンステップずつ上げていくのが望ましい。

なお、この谷川岳登山が C さんと D さんが一緒に行った最後の山行となり、その後 C さんは合コンであっても D さんからの誘いはすべて断ったそうだ。

【失敗例に学ぶポイント】

① パーティの中でいちばん体力のない人、経験の浅い人に合わせたコース選びをする

② 登山コースのレベルを上げるときはワンステップずつ

コース選びの失敗③

60代のメンバーのパーティでアクシデントが起こる

■2日目の下りで思わぬ事態が発生する

H・I・J・Kの4人は学生時代から山行をともにし、社会人になってからも定期的に一緒に登り、北アルプスなどの3000m級の山々も縦走していた。40代以降は一緒に山へ行く回数は減り、高い山へ行くことも少なくなったが、何年かおきには再会して山へ出かけていた。今年、4人は65歳となり、まだ会社勤めをしていたKさんが退職したため、3年ぶりにみんなで山へ行くことに。

現在、Hさんと Jさんは東京、Iさんは山梨の小淵沢、Kさんは神奈川に住み、Hさんは雲取山をはじめとする奥多摩の山、Iさんは八ヶ岳を主に歩いていた。JさんとKさんは年に数回、近郊の低山へハイキングに出かけている。

4人で相談し、10月中旬に奥秩父の金峰(きんぷ)山へ行くことにした。リーダーを務めるHさんは1泊2日の日程にし、1日目は瑞牆(みずがき)山へ登ることに。瑞牆山へのルートは、これまで4人が登ったことのないみずがき山自然公園の芝生広場から不動滝を経由するコースで、瑞牆山から南側の富士見平小屋へ下って1泊。2日目は富士見平から金峰山を往復した後、芝生広場へと下る。コースタイムは1日目が約5時間、2日目は約7時間20分だ。

山行1日目、Ｈさんは早朝にマイカーで東京の自宅を出発。ＪさんとＫさんをＪＲの八王子駅でピックアップし、中央自動車道に乗る。そして、小淵沢の自宅からマイカーで来たＩさんとみずがき山自然公園で合流した。9時、Ｉさんを先頭にして芝生広場を出発。樹林の中を登って不動滝を過ぎると急な登りとなる。ＪさんとＫさんはゆっくりしたペースで歩いていてＩさんとの間が空いてしまうので、ＨさんはＩさんに少しゆっくり歩くようにと声をかける。瑞牆山山頂に着いて昼食をとった後、大岩が重なり合う急斜面を下って天鳥川を渡り、富士見平小屋へ。小屋には15時半に着いた。

2日目は朝6時に小屋をスタートし、金峰山へ向かう。大日岩の基部を過ぎ、砂払（すなばらい）ノ頭まで登ると金峰山の山頂部が見えた。ハイマツ帯に続く岩の多い道を登っていき、金峰山小屋への分岐を過ぎる。山頂まではあと30分ほどだが、Ｋさんが疲れ気味で、歩くペースが遅くなってきた。いちばん後ろを歩いていたＨさんは「もう少しだからゆっくり行こう」とＫさんを励ます。Ｊさんもペースが落ちて先頭のＩさんとの間隔が空き、時々Ｉさんが立ち止まって待っている。10時15分、一行

砂払ノ頭付近から金峰山山頂(左)方面を眺める。富士見平小屋から山頂を往復するとコースタイムは 6 時間 20 分、累積標高差は約 1020 mになる

瑞牆山から富士見平へは大岩の間を抜けながら急な道を下っていく

は金峰山山頂に到着。昼食をとるには時間がまだ早かったので、砂払ノ頭まで戻ってから食べることにし、山頂を後にする。山頂で休んでKさんも少し元気が出たようで、Hさんと会話しながら下っていった。

千代ノ吹上の北側を過ぎ、間もなく砂払ノ頭に着くころ、HさんとKさんが前を歩いていた２人を見るとJさんが座り込み、その傍らにIさんがたたずんでいた。２人が近づいてみるとJさんはタオルで額を押さえており、タオルには血がにじんでいた。Jさんは岩の上で足を滑らせてバランスを崩して転倒し、岩で額を切ってしまったという。しばらく傷口を圧迫していると出血は止まった。Hさんは傷口を水で洗おうと思ったが、血が固まった状態になった傷口の周辺に土などは付いておらず、洗うことによってまた出血することも心配だったので、傷をガーゼで覆い、三角巾を包帯代わりにしてJさんの頭に結んだ。Jさんの意識はしっかりしていたので、少し歩いて砂払ノ頭まで行って昼食をとりながら長めの休憩をとった。Jさんは歩行にも問題がなかったので、11時40分ごろに下山を始める。

大日岩の先でロープのある岩場を過ぎ、大日小屋へ。この先に難所はないため、Iさんは先に芝生広場へ下って車をピックアップしてくるので、３人は瑞牆山荘前へ下ってほしいという。確かに瑞牆山荘へ下ったほうが歩行時間を30分程度は短縮できる。本来はパーティで分散して行動するのは避けるべきだが、Ｈさんもやむなしと判断し、Ｉさんに先に下ってもらうことにした。３人はＫ・Ｊ・Ｈの順番でゆっくり下っていったが、Ｊさんの足どりはしっかりしていたので、Ｈさんはほっとする。瑞牆山荘前には15時ごろに下山。５分ほどするとＩさんが車で迎えにきてくれ、みずがき山自然公園へと移動してＨさんの車に乗り換えた。Ｉさんはケガを診てもらえそうな病院を調べていて、「ここから車で40〜50分くらいの所にある北杜市立の病院で診てもらえるかもしれないので、電話してみよう」と言った。だが、Ｊさんは「もし骨にひびが入っていたりしたらそのまま入院する可能性もある。中央道の八王子インターから行きやすい場所に救急対応をしてくれる病院があるので、そこで診てもらいたい」とのこと。患部が腫れている様子はないので骨に異常はないだろうから早く診てもらったほうがいいとＩさんは話したが、Ｊさんはのちのちのことも考えるとやはり東京に戻りたいとのことだった。そのため、小淵沢へ帰るＩさんとはここで別れ、Ｈさんたちは車で東京へ向かった。須玉インターから中央道に乗ると、疲れていたのか、ＪさんとＫさんは眠り込んでしまった。20〜30代のころは一緒に北アルプスの表銀座や南アルプスの白峰（しらね）三山を縦走したこともあった仲間だが、今回のコースは今の２人にはちょっときつかったかなとＨさんは反省する。

東京に戻って八王子駅でＫさんを降ろし、ＨさんとＪさんは病院の救急外来へ。Ｊさんは額を８

針ほど縫うケガだったが、骨には異常がなく、治療後に帰宅することができた。処置してくれた医師が、傷口に付いた汚れから細菌に感染することもあるのでなるべく早めに受診すべきだったとJさんに話したそうだ。Iさんの言うとおりだったねと話しながら、２人は病院を後にした。

解説

自分の現在のレベルを知ってコースを選ぶ

今回の瑞牆山と金峰山を結んだコースは累積標高差が登り・下りとも２０００mを超える。急傾斜の岩の道や森林限界を越えた稜線を歩く箇所もあり、１泊２日とはいえ、体力度・技術度ともに中級レベル以上のコースだ。４人のメンバーは学生時代から山に登っていて、知識と経験の点ではみなベテランだが、現在のJさんとKさんの山行は低山ハイキングが中心。下山途中にJさんが転倒してしまったのは疲れが要因になったと考えられ、JさんとKさんにとって体力的にやや厳しいコースを選んでしまったことがアクシデントにつながったといえる。若いころに日本アルプスの険しいロングコースを難なく縦走したことがあったとしても、それは何十年も前のこと。自分の現在の体力度・技術度をきちんと認識し、そのレベルに合った山選びと計画を立てることが安全につながる。今回の場合は、標高差が小さく難所も少ない大弛峠から金峰山往復のコースにする、あるいは2日目を金峰山山頂から近い金峰山小屋泊まりにする2泊3日の日程にするなど、体力的に歩きやすいプランにしたほうがよかっただろう。

今回のように久しぶりに仲間と一緒に山へ行く場合、同行者の現在の登山レベルがわからないので、コース選びや山行プランづくりが難しい。こうしたケースでは、リーダーとなった人が仲間に最近はどのような山へどのくらいの頻度で行っているのかを聞いて体力と技術のレベルを判断し、コースを決めよう。

加齢によって体力・運動能力は低下していく

文部科学省の外局であるスポーツ庁は毎年、幅広い年齢層の体力・運動能力調査を行なっている。20〜64歳を対象としたテストでは全身持久力を調べる20mシャトルランと急歩、筋力・筋持久力をテストする上体起こし、柔軟性を調べる長座体前屈、敏捷性を調べる反復横とびなどが実施されている。この体力テストの合計点は総合評価の指標となるので、加齢に伴う合計点の変化（2019年度）を紹介しよう。20〜24歳の合計点の平均値は男性42・88点、女性40・76点。この数値を100として比較してみると、30〜34歳で男性92・3、女性90・4、40〜44歳で男性83・0、女性

84・4、50～54歳で男性74・1、女性78・9、60～64歳で男性63・2、女性68・1という割合になる。男女とも加齢によって体力水準は直線的に低下しており、男性の60～64歳の水準は20～24歳の3分の2以下だ。このテストを受けた人には運動を毎日のようにしている人もいれば、時々している人も、まったくしていない人もいて、紹介した数値はすべての人の平均値。つまり20代からトレーニングをしている人が同じトレーニングを継続して60代になったとき、体力年齢は実際の年齢よりも若い場合が多いが、その人自身がもつ体力・運動能力はやはり20代のときよりも3分の2程度に低下していることになる。

年齢を重ねると若いころは快調に歩き通せたコースでバテたり、かつてはスムーズに踏破できた岩稜帯を通過するのに苦戦してしまうようなことは起こりがちだが、それは加齢によって全身持久力や筋持久力、敏捷性などの運動能力が低下したことが原因だと考えられる。ケガをしたJさんも、日本アルプスを縦走していた20代のころであればバランスを崩したとしても踏ん張ることができ、転倒せずに済んだかもしれない。

全国で発生した山岳遭難を年齢層別に見ると２０１８～２０２０年は70代がトップで、２位が60代。60歳以上の遭難者が全体の半数以上を占める状況が何年も続いている。また、高齢者の遭難は重大事故になるケースが多く、遭難による死者・行方不明者の中で60歳以上が占める割合は70％前後を推移している。山行中にアクシデントを起こさないために、高齢の登山者は自分の実力に見合ったコース選びと、時間にゆとりをもたせたプランづくりをすることがより重要になってくる。たとえば、縦走登山で1日7～8時間歩く行程を組んでいた人は、年齢が上がったら1日の行程を6時間前後にとどめたり、所要歩行時間をこれまでよりも長めに考えて余裕をもったスケジュールを組むというように、無理のない山行計画を立てるようにしよう。

【失敗例に学ぶポイント】

①自分の現在の体力度・技術度を認識し、そのレベルに合った山行計画を立てる

②高齢の登山者は慎重なコース選びと時間にゆとりをもたせたプランづくりを実践する

コース選びの失敗④

破線コースを下って踏み跡から外れてしまう

■踏み跡が不明瞭で、登り下りを繰り返す

Lさんは4年ほど前から山登りを始め、高尾山稜や奥多摩の山を中心に歩いている。9月中旬の週末、Lさんはまだ登ったことのない奥多摩の天目山（三ツドッケ）に登ることにした。東日原からヨコスズ尾根をたどって一杯水避難小屋を経由して山頂へと登り、さらに東側にある蕎麦粒山へ足を延ばす。蕎麦粒山からは南に延びる鳥屋戸尾根を下って川乗橋バス停に下山したいと思ったが、手持ちの登山地図で鳥屋戸尾根は迷いやすい箇所のある難路になっていて、実線ではなく破線で示されていた。ガイドブックにはこの尾根のことがまったく紹介されておらず、コース状況がわからなかったので、鳥屋戸尾根を下ることはあきらめ、一杯水避難小屋まで戻ってヨコスズ尾根を下ることにした。東日原からヨコスズ尾根経由で天目山と蕎麦粒山を往復すると、コースタイム7時間40分のロングコースになる。

山行当日、ＪＲ青梅線の奥多摩駅からバスに乗って東日原へ。この日はやや雲が多かったが、まずまずの好天だった。８時前、Ｌさんはバス停から天目山の登山口へと向かい、道標に従って登山道へと進んだ。植林帯を抜けると美しい広葉樹に覆われた尾根道となる。やがて一杯水避難小屋に到着し、小屋の裏側から天目山へと登る。11時、天目山山頂に到着。山頂からは石尾根など奥多摩の山々が見渡せた。山頂から避難小屋に戻り、小屋のそばにあるベンチで昼食をとった後、蕎麦粒山へ向かう。緩やかにアップダウンを繰り返し、13時15分に蕎麦粒山山頂に着く。山頂に立つ道標には鳥屋戸尾根・川乗橋方面への方向も記されていた。

山頂から少し下ると蕎麦粒山の巻き道との分岐があり、そこにも鳥屋戸尾根・川乗橋方面を示す道標があった。道標に記されているなら歩いている登山者がけっこういるのではないだろうか。それにヨコスズ尾根まで戻るより、鳥屋戸尾根を下ったほうが早く奥多摩駅まで戻れると思い、Ｌさんはとりあえず尾根を下ってみて、道が不明瞭だったら引き返してこようと考えた。Ｌさんは13時40分に分岐を出発。出だしは植林と自然林の間に延びる道でわかりやすく、これなら間違えることはなさそうだと安心する。しかし、進むにつれて踏み跡がわかりづらくなってきた。スマートフォンのＧＰＳを見ると、ベースの地形図には鳥屋戸尾根のルートを示す線が入っていない。慌てて登山地図を広げて鳥屋戸尾根のルートを確認し、ＧＰＳの画面と見比べてみると、Ｌさんは登山地図の破線どおりに尾根沿いを進んでいたので問題はなさそうだった。

　その後もこれが本当に踏み跡なのだろうかと不安を感じながら進んでいると、左下に踏み跡のように見える跡があったので、Ｌさんはそれをたどることにする。だが、その踏み跡を進んでいくと谷へと下っていってしまう。正しいルートは尾根上を行くはずなのに、明らかにおかしい。もしかして道を間違えてしまったかもしれないとＬさんは焦り始める。道がわからなくなったときは引き返すのが原則であることを思い出し、Ｌさんは尾根上に戻ることにした。緊張のためかのどが渇くので、水分を補給する。スマートフォンを取り出すと電話などのネットワークにはつながらなかった。今回、Ｌさんは家族に「奥多摩に行く」としか伝えてこなかった。もしここで遭難して電話がつながらないままだったら救助されるまでにかなりの日数がかかってしまいそうだと、Ｌさんはますます不安になる。

　その後、尾根上に戻ったＬさんは、鳥屋戸尾根の分岐まで引き返そうかと考えた。でも、登るより下ったほうが体力的に楽だ。尾根上を忠実に行けば大丈夫だろうと思い、下ることにする。だが、その後も踏み跡が判然としないうえ、道標や標識も見かけない。Ｌさんは尾根上を進んでいるつもりだったが、踏み跡を見失ってしまうことがたびたびあった。下っては登り返すことを何度も繰り返し、気がつくと15時になろうとしていた。ＧＰＳを見ると分岐から距離的にまだ半分も下ってい

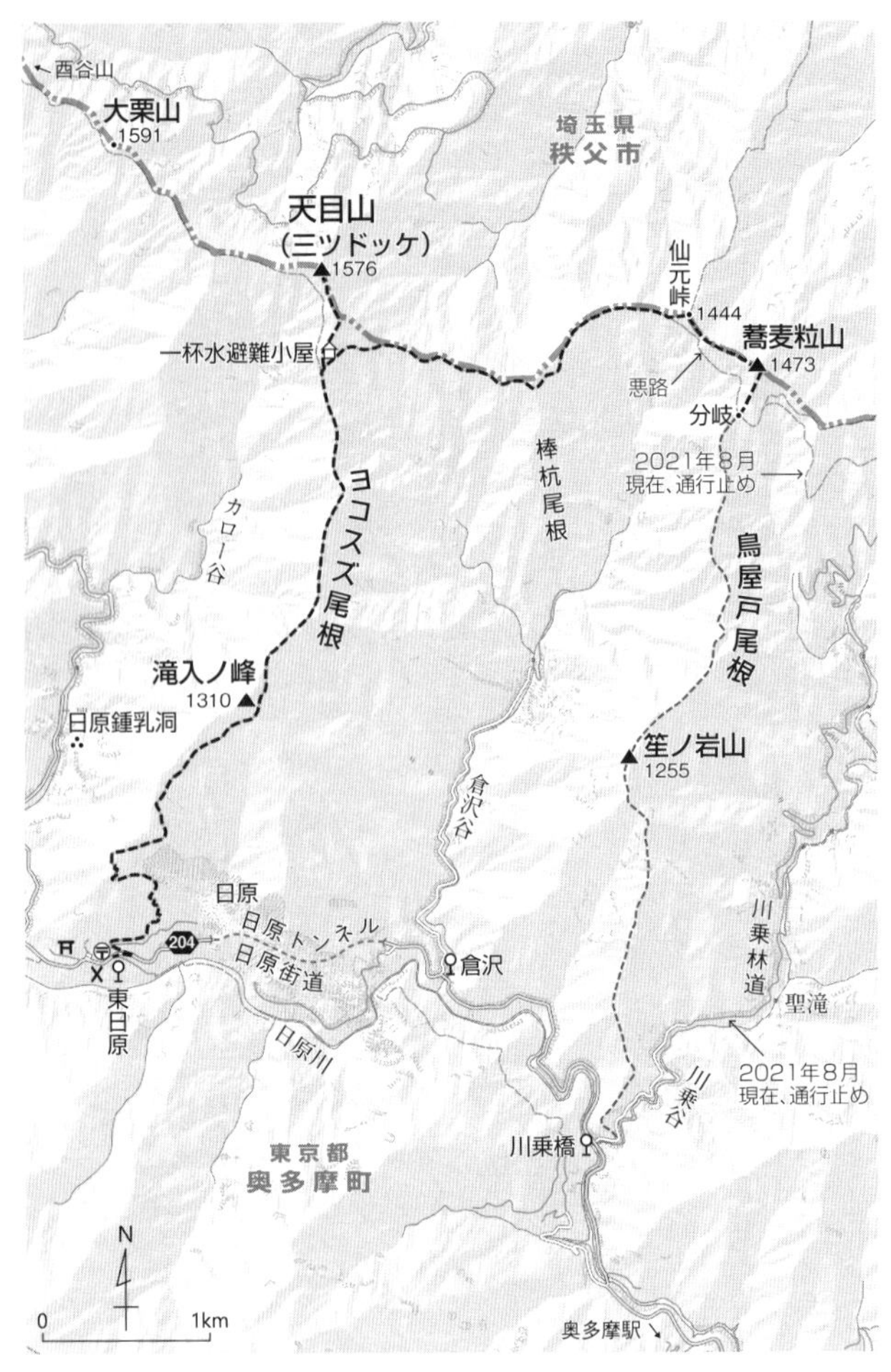
西谷山
大栗山
1591
埼玉県
秩父市
天目山
(三ツドッケ)
1576
仙元峠
1444
蕎麦粒山
1473
一杯水避難小屋
悪路
分岐
棒杭尾根
2021年8月
現在、通行止め
ヨコスズ尾根
カロー谷
鳥屋戸尾根
滝入ノ峰
1310
日原鍾乳洞
笙ノ岩山
1255
倉沢谷
日原
日原トンネル
204
日原街道
倉沢
川乗林道
聖滝
東日原
日原川
川乗谷
2021年8月
現在、通行止め
川乗橋
東京都
奥多摩町
N
0
1km
奥多摩駅

鳥屋戸尾根には踏み跡の不明瞭な箇所があり、道標も少ない

ない。今の時期の日没は18時ごろだが、このペースでは日没前に川乗橋バス停に着けるかどうかわからない。薄暗い中では踏み跡がますますわかりづらくなって道に迷う危険性が高くなってしまう。しかし、ここから分岐まで登り返してヨコスズ尾根を下るのは体力的に厳しいうえ、東日原へ下山できたとしても20時を過ぎてしまうので、奥多摩駅へ行くバスもないだろう。楽をすることばかりを考えてここまで下ってきてしまったが、そもそも地図読みもまともにできない自分が破線コースを選択すべきではなかったと、Lさんは激しく後悔した。だが、今は後悔していても仕方ない。たとえ時間がかかったとしても道を見失わないことを最優先して下っていこう。

Lさんは気をとり直して再び歩き出した。

15時40分、笙（しょう）ノ岩山の山頂に到着。木製の山頂標が立っていて、Lさんは道標や標識があることのありがたさを実感する。笙ノ岩山からは踏み跡がややわかりやすくなり、時々川乗橋バス停の方向を示す小さな標識も木につけられていて、歩行ペースが上がってきた。しかし、油断はできない。やがてかなりの急傾斜の下りとなり、蕎麦粒山からほとんど休まずに歩いてきたLさんは何度か足を滑らせて転倒しそうになる。スギの植林帯に入ってジグザグに下っていくと、下に道路が見えてきた。間もなくLさんは川乗林道に下り立ち、なんとか日没前の17時20分に川乗橋バス停に着く。奥多摩駅行きのバスはまだあるのだろうかと思いながら時刻表を見ると、幸運なことにバスは15分後にあった。Lさんは「ふーっ」と大きなため息をつき、バス停のそばにどっかりと腰を下ろした。

解説

■状況がわからないコースを歩くのはリスクがある

疲労などの理由から登山中に予定を変更して近道と思われるコースを歩きたくなることはある。だが、そのコースは踏み跡が不明瞭かもしれないし、険しい岩場があるかもしれない。また、下山した場所から鉄道の駅へ出るアクセス手段がない可能性もある。そのため、コース状況がわからない登山道へ入り込むのはリスクがある。予定したコースが険しかったために途中で別のコースに入り、そのコースで道に迷って救助される遭難も実際に起こっている。この例では、Ｌさんが難路であることしかわからなかった鳥屋戸尾根を下ったことによって大苦戦する結果になった。山行計画を立てるときには、歩く予定の登山道だけでなく、今回の鳥屋戸尾根のような候補となるルートについてもコース状況をチェックし、自分の実力で歩けるかどうかや、エスケープルートとして利用できるかを見極めておくようにしたい。

現在、スマートフォンのＧＰＳ機能と登山（地図）アプリケーションを利用して登山中に現在地をチェックすることが一般的になっているが、アプリのベースには地形図や地図が使用されている。等高線の見方をはじめとする読図力を身につけると、アプリの地図を見てこの先の登山道の傾斜やアップダウンなどを把握することができる。Ｌさんは自分が地図読みもまともにできないことを悔やんでいたが、鳥屋戸尾根のようにベースの図にルート線が示されていない場合でも、読図力があれば等高線から尾根の延び方を読み取ることができる。登山アプリをさらに活用するためにも読図力を身につけていこう。

また、Ｌさんは登山計画書を作成していなかったが、訪れる山域を管轄する警察署などに登山計画書（登山届）を事前に提出しておくと行動予定を知らせることになり、遭難時に救助隊が出動する際に捜索範囲を絞ることができるのでスピーディな救助が可能になる。計画書には行動予定やパーティのメンバーそれぞれの氏名・年齢・性別・緊急連絡先、食料や主な装備、エスケープルートなどの情報を記入しておこう。今回、Ｌさんが計画書を提出していたとしても、計画書には記載していない予定外の鳥屋戸尾根に進んでしまっていた。そのため、Ｌさんが遭難したとしても鳥屋戸尾根での捜索はすぐには行なわれない。この点からも、家族などへコース変更の連絡をしないで予定外のコースへ進んでしまうことは避けたい。

なお、登山届の提出方法は都道府県によって異なっている。北アルプスや八ヶ岳などの人気エリアを抱える長野県では、迅速な救助活動につなげるために、県の電子申請サービスや山と自然ネットワーク「コンパス」の登山計画書作成・共有システムなどを利用したウェブ上での届け出を推奨している。電子申請サービスではワードやエクセルで作成したオリジナルの計画書を提出することもできる。

Ｌさんが登った天目山や蕎麦粒山などのＪＲ青梅線の駅から入山する奥多摩の山は青梅警察署の管轄。奥多摩のある東京都もコンパスと連携していて、コンパスを利用して作成した登山計画書を警察署と共有できる。警察の捜索・救助活動が行なわれるのは本人や家族からの要請があってからとなるので、計画書は家族とも共有しておこう。家族がパソコンやスマートフォンの使い方に慣れていない場合には、計画書を印刷して渡しておくといい。これまでに家族からの通報によって捜索が行なわれて遭難者が救助されたケースも多くあるが、計画書の有無によって救助されるまでの時間は大きく違ってくる。なお、奥多摩では東日原バス停の西にある青梅警察署日原駐在所や、奥多摩駅に設置されている登山届ポストに紙の登山計画書を投函してもいい。

鳥屋戸尾根の周辺では、これまでに何度も道迷い遭難が発生しており、２０１９年には鳥屋戸尾根分岐にある道標に、鳥屋戸尾根・川乗橋方面は道が不明瞭で道迷いが多いという注意書きが添えられていた。だが、２０２０年にも笙ノ岩山付近で2件、蕎麦粒山付近で1件の道迷い遭難が起こり、２０２１年には道標の注意書きが「悪路につき通行しないで下さい。死亡事故多発！」という、より厳しい表現に変わっている。破線コースは一般登山道と違ってポイントごとに道標が立っているわけではなく、入山者が少ないので踏み跡も薄くなる。登山の経験を積んで地図読みやルートファインディングなどのスキルをしっかり身につけ、ルートを書き込んだ地形図やコンパス、ＧＰＳなどの装備を携行して破線コースに臨むようにしたい。

■コースの評価は山行記録によって異なる

鳥屋戸尾根のような一般コースではない難路は、一般的な登山ガイドブックでは紹介されることがほとんどないので、インターネット上の山行記録などから情報を得ることになる。山行記録に掲載されている写真はコースの様子を知るうえでとても役立つ。ここ数年の鳥屋戸尾根の記録を見てみると、踏み跡が薄くて下山中に道に迷ったという記録があれば、登りに利用して「踏み跡がしっかりして迷うことはない」と記したものもあり、書き手によってコースの感想や評価はかなり違っている。ガイドブックでは一定の基準を設けて登山コースのグレードを決めているが、山行記録のコースのグレード評価は書き手の主観によるものが多い。書き手の登山レベルはさまざまなので、同じコースであっても書き手によって印象や感想は違ってくる。そのため、ネット上の山行記録を参考にしてコース選びをする場合、コースの評価については複数の記録をチェックしたほうがいい。そのうえ、難路の鳥屋戸尾根を歩くのは経験豊富な登山者が多い。Lさんのような登山を始めて4年の登山者にとっては鳥屋戸尾根が「踏み跡がしっかりして迷うことはない」コースでないことは十分にありうるのだ。

鳥屋戸尾根の記録を見ると、登りに利用している人が多かったが、下りに利用して迷いやすかったと記している記録がめだった。その理由は尾根の特徴にある。尾根は支尾根を何本も分けながら標高を下げていくので、下りでは誤って支尾根に入り込んでしまう危険性がある。一方、尾根はピークや主稜線などの高みへ向かって標高を上げていくので、高みをめざして登っていけば支尾根に入る可能性は低い。さらに、下りの歩行スピードは登りよりも速いので踏み跡から外れてもすぐには気づきにくく、次第にルートから離れていってしまうこともあるため、尾根では下りで道迷いが起きやすい。登りと下りではコースに対する印象が違ってくることも頭に入れて山行記録を見るようにしたい。

【失敗例に学ぶポイント】

①山行計画を立てるときに歩く可能性のある登山道についてもコース状況を調べ、利用できるかどうかを見極めておく

②山行前に登山計画書を作成して家族などに渡し、必要な機関にも提出しておく

③コースのグレード評価については、複数の山行記録を参考にして判断する

コース選びの失敗⑤

予想外の残雪量と雪質に苦戦する

■稜線上は雪が少なかったが、北面に入って残雪が増える

千葉に住むMさん・Nさん夫妻は3年前から山へ行くようになり、茨城・筑波山などの常磐線沿線の山や房総半島の低山へ出かけている。今年はチェーンスパイクと6本爪アイゼンを購入し、降雪直後に筑波山などへ出かけて雪上を歩く練習をした。春になったら少し遠出をしようと相談し、山梨の大菩薩嶺(だいぼさつれい)(2057m)へ行く計画を立てた。登山口となる上日川峠(かみにっかわ)へつながる県道の冬季通行止めが解除されてすぐの4月20日に行くことにし、登りは上日川峠から大菩薩峠を経由して大菩薩嶺をめざす。大菩薩嶺からは丸川峠へと歩き、丸川峠入口へ下る予定だ。

4月中旬になって大菩薩嶺の状況を調べたところ、上旬にかなり雪が降ったことがわかった。山行の3日前、アクセスに利用する県道に積雪がないかを問い合わせたところ、上日川峠の周辺にはもう雪はないとのこと。中旬以降、首都圏では最高気温が20℃を超える暖かな日が続いていたので、

稜線上の雪もだいぶ解けているだろうと考えて、予定どおりのコースを歩くことにした。

4月20日、マイカーで上日川峠へ行き、8時に登山口を出発。登山道上に雪はほとんどなく、順調に登って9時40分ごろに大菩薩峠に着いた。峠から北へ延びる尾根道には雪はあまりなかったが、親不知ノ頭を越えて賽ノ河原方面へ向かうと残雪が増え、雪上を歩くようになった。傾斜は緩やかなので軽アイゼンを着けずに歩いたが、雪はあまりないだろうと予想していたMさんはトレッキングポールを1本しか持ってこなかったため、やや歩きづらく感じる。日当たりのよい稜線上に戻ると雪は少なくなったが、雷岩から樹林帯に入るとまた雪が増えてきたので、2人は軽アイゼンを着ける。樹林の中を北へ進み、11時すぎに大菩薩嶺の山頂に到着した。

山頂標の立つ山頂で休憩した後、丸川峠へ向かうと北面の樹林帯を進むようになり、雪がさらに多くなってきた。雪面も硬く、表面がアイスバーン状態になっている場所もあり、2人は何度か滑りそうになる。予想外の雪の状態に「やばい、けっこう雪が硬いね」とNさんは焦り気味だ。コースは稜線の北面をトラバースするように続いていた。傾斜はおおむね緩やかだったが、右側が切れ落ちた箇所も現われる。2人は慎重に進んでいったが、Nさんが足を滑らせて転倒してしまう。Nさんが登山道から滑り落ちることはなかったが、転んだときに片方のアイゼンが外れ、右手の斜面を2～3ｍほど落ちていった。

上日川峠〜福ちゃん荘間は林道と登山道が並行していて、どちらを歩いてもいい

アイゼンを片方しか着けていないNさんが斜面を下りるのは危ないので、Mさんがアイゼンを拾いにいく。急斜面なので滑らないようにとMさんはおそるおそる足を踏み出す。幸い斜面の雪は硬くなかったので滑りはしなかったが、足が雪に埋まってしまい、Mさんはバランスを崩して前につんのめってしまう。Mさんの様子を見ていたNさんが「気をつけて！」と声を張り上げる。Mさんはアイゼンを回収したが、急斜面を登り返すのにも苦労し、Nさんが持っていたポールを投げてもらって2本使いながらなんとか斜面を登り切った。

Nさんは軽アイゼンを着けながら「危ない所が多いから、雷岩に戻って南面の唐松尾根を下ったほうがよくない？」と言う。大菩薩嶺から丸川峠へはトラバース道が続いて難所はないとガイドブックには記されていたが、積雪があると状況は大きく変わる。硬い雪の上を歩いた経験のない2人が苦戦することは今後もありそうだとMさんが考えていると「戻ったほうがよくないですか。大事なことなので2回言いました」とNさんが再度プッシュする。Mさんは丸川峠へ行くのをあきらめて引き返すことにし、「そうだね、戻ろうか」と答えた。

2人はコースを引き返し、雷岩に着いて軽アイゼンを外す。夢中で歩いているうちに登山靴の中にはだいぶ雪が入っていた。ひと休みした後、雷岩から南へ下る。唐松尾根入口まで下り、ケガなく戻れてよかったと話しながら2人は林道を上日川峠へと向かった。

解説

■標高や位置によってコースの状況は異なる

気象庁のホームページを見ると、高度が１００ｍ上がると気温は０・５〜１℃下がると紹介されている。緯度などによっても気温は変化するが、参考のために標高が約１０００ｍ違う山梨・韮崎（にらさき）（３４１ｍ）と長野・野辺山（のべやま）（１３５０ｍ）の観測地点の気温差を見てみよう。この２地点間の直線距離は約27kmで、これは東京駅〜横浜駅間や大阪駅〜三ノ宮駅間の直線距離に近い。４月の平年値の気温差を見ると最高気温が７・５℃（韮崎19・６℃、野辺山12・１℃）、最低気温が７・４℃（韮崎６・８℃、野辺山マイナス０・６℃）、平均気温が６・９℃（韮崎12・７℃、野辺山５・８℃）。一般的には高度１００ｍにつき気温は約０・６５℃下がるといわれることが多いが、いずれもそれに近い数字だ。

標高１３５０ｍの野辺山では４月の最低気温の平年値が０℃を下回っているが、４月に平地で雨が降ったとき、大菩薩嶺のような２０００ｍ級の中級山岳の稜線では雪になっていることがある。標高の高い場所では積もった雪は消えにくく、大菩薩嶺でもゴールデンウイークまで雪が残っている年もある。一方、Ｍさんたちがよく登っている筑波山（８７７ｍ）では４月下旬になるとツツジ

大菩薩峠から親不知ノ頭へと続く尾根道は日当たりがよく、残雪は早く解ける

が咲き始め、春の装いに包まれる。標高によって状況は大きく異なるので、そのシーズンの状況を調べて訪れる山を決めるようにしたい。

同じ山でも場所によって状況は違ってくる。今回も大菩薩嶺北面の樹林帯に入って雪が多くなったように、日の当たる時間が長い南面は雪解けが早く進むのに対し、北面は雪が残りがちで、日の当たり方によって雪の状態も違ってくる。春の中級山岳では南面に雪がなくても、北面の登山道には雪が残っていることがあり、残雪が多い場合にはMさんたちのように進むのに苦戦したり、歩行ペースが上がらなかったりして下山が遅くなってしまうこともある。

また、時期によっては登山道の延び方もコース選びに関わってくる。沢沿いにつけられたコースでは仮橋や石伝いに沢を渡ることがあるが、増水時には沢を渡れない場合があり、雪解けの時期や梅雨明け直後、大雨の後には沢コースへの入山は避けたい。登山地図ではこうした沢コースには「渡渉あり」「大雨のときは渡渉不可」といった注記がある。登山コースを選ぶときには、その山のシーズン状況を調べ、地形的な特徴も考えながら決めるようにしよう。

■変化する状況に対応できるように準備する

山のコース状況は、毎シーズン同じというわけではなく、春の残雪量も年によって違いがある。大菩薩嶺でも2021年は4月下旬に雪はなく、積雪状況は前年同時期の山行記録とは違う場合がある。大菩薩嶺ではアクセス道路の冬季通行止めが解除されてから入山者が増えるので、Mさんたちのように道路開通直後に行く場合には直近の状況がわかる山行記録がインターネット上で見つからないことがある。だが、4月に2000m級の山へ行くときに積雪状況がわからない場合は、雪があったときへの備えをしておくほうが賢明だ。今回も軽アイゼンだけでなく、スパッツ（ゲイター）やトレッキングポール（2本セットで）などの装備も用意しておいたほうが行動しやすかっただろう。

状況が悪いときへの備えが必要となるのは残雪のある時期に限ったことではない。たとえば、風の強いことが多い森林限界を越えた稜線上を歩く場合には夏でも防風性のあるアウターを携行する、雨に備えて濡らしたくないものは防水ケースに収納してザックに入れておくというように、状況が悪いときや天候が悪化したときのことを考えて準備をしておくことが大切。もしものときの備えが身を守ってくれることもあるのだ。

【失敗例に学ぶポイント】

① シーズンや標高、コースの地形的な特徴など、総合的に考えて登山コースを選ぶ

② コースの状況が悪かったときや、天候が悪化したときに備えて準備をしておく

コース選びの失敗⑥

予定コースを逆に歩いて途中で下山することに

■バスの到着が遅れそうで急きょ下車する

5月中旬、Oさんは新緑のブナ林を訪ねるために東京都檜原村の都民の森から奥多摩の三頭山へ登る計画を立てた。三頭山からは南東へ進んで笹尾根を歩こうと考え、浅間峠から上川乗バス停へ下ることに。コースタイム7時間20分のロングコースとなるので、エスケープルートとなるコースについて調べたところ、笹尾根から南北にいくつも道が延び、どれも歩きやすいことがわかった。

山行当日、OさんはJR五日市線の武蔵五日市駅から都民の森行きの急行バスに乗る。この日は平日だったが、好天のため、バスには多くの登山者が乗っていた。バスが本宿役場前を過ぎてしばらくして、上川乗の先に工事箇所があるというアナウンスがあった。これを聞き、ロングコースを歩くので早くスタートしたいと考えていたOさんは、上川乗で降りて笹尾根を逆に歩いて三頭山へ向かったほうが早いのではないかと考えた。Oさんは急きょ上川乗バス停で下車して車道を歩き、

９時10分に浅間峠の登山口に着く。乗車していたバスは都民の森に９時半に到着する予定だったので、やはり逆コースにしてよかったとＯさんは思う。

登山口から登山道に入り、10時15分に浅間峠に到着。峠から西へ向かい、樹林の尾根を行く。峠までは登りが続いたが、尾根歩きであれば急登する箇所は少ないのでコースタイムよりも早めに行けるだろうと思いながらＯさんは歩く。アップダウンしながら進み、日原峠を過ぎると土俵岳への登りになり、11時半に標高１００５ｍの土俵岳山頂に着く。さらに笹尾根を進み、13時に笛吹（うずしき）峠に着いて昼食をとる。笛吹峠からもアップダウンを繰り返していくが、登りの箇所が多く、思っていたほどペースが上がらない。じわじわと標高を上げていき、14時半に槇寄（まきよせ）山山頂に着いた。コースタイムより早めに歩いてはいるが、Ｏさんが予想していたよりも時間がかかっていた。

山頂にあったベンチに座って地図を見ると、三頭山まではまだ２時間ほどかかり、このまま三頭山へ向かうと下山するのが17時半ごろになる。Ｏさんは登りたかった三頭山へ行くのをあきらめ、槇寄山から仲の平バス停へ下山することにした。地図で見ると浅間峠の標高は８４０ｍくらい。槇寄山は１１８８ｍで、三頭山は１５３１ｍなので、浅間峠から笹尾根を縦走すると標高を上げていくことになる。初めの予定どおりに三頭山からスタートしたほうが、下りの箇所が多くて歩きやすかったなとＯさんは後悔する。スマートフォンでバスの時刻を調べると、仲の平を16時ごろに出るバスがあった。槇寄山から仲の平までは1時間ほどの道のりなので、ゆっくり下ってもその便には乗車できそうだ。

ひと休みした後、Oさんは山頂を出発する。樹林帯を抜けると間もなく舗装路に下り立ち、15時50分ごろに槇寄山入口となる檜原街道との合流点に出た。バス停の位置を確認するため、OさんはスマホのGPSを見たが、ベースの地図にはバス停が載っていなかったので、左の商店があるほうへと進む。だが、3〜4分歩いてもバス停はなかったので、Oさんは逆方向なのかなと思って来た道を引き返したが、槇寄山入口まで戻ったときに後ろから武蔵五日市駅行きのバスが近づいてきた。このバスに乗らないとかなりの待ち時間ができてしまうので、なんとか乗りたい。Oさんは無理だろうと思ったが、バスに向かって手を上げてみた。すると、バスが停車して乗車口のドアを開けてくれた。Oさんは親切な運転手さんで助かったと思いながら幸せな気分でバスに乗り込んだ。

解説

■歩くコースの方向によって歩行時間が大きく違うことも

私もOさんと同じような経験をしたことがある。ゴールデンウイークに山梨・河口湖の北西にある足和田山（五湖台）に行ったときのことだ。その日は紅葉台入口バス停からスタートして紅葉台や足和田山を経て勝山バス停に下る予定で、富士急行の富士山駅からバスに乗った。ところが、ゴールデンウイーク中で富士芝桜まつりが開かれていたこともあって国道１３９号周辺の道路が大渋滞していて、途中からバスがほとんど動かなくなってしまった。この渋滞では紅葉台入口バス停への到着は予定より30分以上は遅れそうだ。バスはこの日歩く予定のコース沿いを走っていたので、途中でバスを降りて勝山付近から逆にコースを歩いたほうがいいのではないかと考えた。ただ、勝山バス停は紅葉台入口バス停よりも標高が低いので、コースを逆に歩くと予定よりも時間がかかってしまう。地図を広げて調べたところ、紅葉台入口バス停と勝山バス停の標高差は１５０ｍ程度で、逆コースにした場合は25分ほど歩行時間が長くなることがわかったが、それでも15時には紅葉台入口バス停へ下山できると判断し、バスを降りて勝山の近くから歩き始めた。予定コースを逆に歩いて15時ごろに紅葉台入口バス停へ下山したが、その時点でも周辺の道路の渋滞が続いていたので、逆コースにしたことは正解だった。

今回、Ｏさんが訪れた笹尾根には岩場などの難所はなく、三頭山から歩いても、浅間峠から歩いても技術的な難易度は変わらない。だが、起点となる都民の森バス停（約９９０ｍ）と上川乗バス停（約４１０ｍ）との標高差は５８０ｍほどあり、足和田山のケースよりも差が大きい。上川乗バス停から歩くと都民の森バス停を起点にした場合より登りの累積標高差が600mほど増えて約1840mになる。また、歩行時間も1時間20分ほど増えて8時間40分になり、ヤマケイアルペンガイドのグレードでいうと体力度は3（コースタイム8時間未満）から4（コースタイム8時間以上、10時間未満）に上がる。バスが遅延したり、予定していたバスに乗り遅れたりして予定コースを逆に歩こうと考えるケースもあるが、逆コースの歩行時間や体力度が同程度でない場合があるので、コースを変更する前に地図を見て全体のコースタイムを確認するようにしたい。今回の例では歩行時間の差が大きかったので、バスが多少遅れたとしてもOさんは主目的であった三頭山に登ってから笹尾根を縦走し、下山が遅くなりそうな場合には途中でエスケープルートを下るという選択をしたほうがよかっただろう。

　Oさんは下山してきて仲の平バス停がどこにあるのかわからなかったが、バス停の位置や最寄りのバス停から登山口までの道のりがわかりにくいこともある。以前、仲間と一緒に南高尾山稜を訪れたとき、大垂水（おおだるみ）バス停から歩き始めて南高尾山稜の登山道へとつながる側道に入った。そのとき、小仏城（こぼとけしろ）山方面へ行こうとしていたハイカーが誤って私たちについてきてしまった。小仏城山の登山口は南高尾山稜の登り口とは別で、さらに100mほど西へ行った所にあるのだが、縮尺5万分の1の登山地図を見ただけでは登山口が2つあることはわからない。こうしたケースに備えて、初めてのコースを訪れるときにはガイドブックやグーグルマップのストリートビューなどを見て登山口やバス停の場所を調べておこう。

なお、Ｏさんが乗車した武蔵五日市駅と数馬（かずま）を結ぶバス路線の本宿役場前〜数馬間は自由乗降区間になっていて（4〜11月の土・日・祝日を除く）、バス停以外の場所でも乗り降りができる。Ｏさんの幸せな気分を壊してしまうことになるが、Ｏさんがバスに乗車できたのは運転手さんが親切だったからではなく、自由乗降区間だったからなのだ。

【失敗例に学ぶポイント】

① 歩くコースの方向によって歩行時間や体力度が大きく違ってくるケースがある

② 起点となる駅やバス停から登山口までの道のりと、下山地のバス停の位置を調べておく

コラム①

▼なにがないと遭難につながりやすい?

山と溪谷社が編集した『登山用語データブック』では「遭難」という用語を「けがをしたり、悪天候のために、自力で下山できなくなること」と説明している。「自力で下山」という点がポイントで、ケガを負ったとしても自力で下山すれば山岳遭難にはならないととらえられている。では、登山中になにがないと自力で山を下りるのが難しくなるだろうか。

山梨県警察が公表している山岳遭難ファイルを見ると、ヘッドランプを携行していなくて日没後に行動できなくなった遭難事例がめだつ。山梨県ではすべての事例を個別に発表しているわけではないが、2020年11月の遭難ファイルにはこうしたケースが5件掲載されていた。日没時間が早まる11月ごろは、山梨県内に限らず、各地で下山中に日暮れを迎えて行動不能になる遭難が起こっている。

地図は登山時の必携品だが、地図を持たずにスマートフォンのGPSを利用した登山アプリだけを頼りに歩いている登山者を見かけることがある。だが、電子機器であるスマートフォンのGPSが思いがけず使えなくなる可能性はゼロではなく、使用できなくなって遭難した例もある。

２０２０年８月に北海道・渡島半島の大千軒岳でスマートフォンのバッテリーが切れた登山者が、現在地がわからなくなって道に迷う遭難が発生した。このときは連絡がとれなくなった家族が救助を要請し、登山者は無事に救助されている。

登山中に眼鏡を紛失して行動できなくなり、救助された事例もある。くもった眼鏡を拭こうとしたときに誤って落としたり、登山道に張り出した木の枝に引っかけて落とすなど、登山中に眼鏡を紛失したり、破損してしまうこともある。眼鏡がないと行動できない人は眼鏡にストラップを取り付けておく、予備の眼鏡を携行するなどの対策をとっておくと安心だ。

アイゼンを持たずに残雪の多い山に行って行動できなくなったり、滑落したりする遭難も多い。アイゼンを装着していても技術不足から滑落してしまうケースも少なくない。本文の解説でもふれたが、アイゼンなどの雪山装備は購入してすぐに使いこなせるものではないので、低い山で使い方を覚えてから本格的な残雪の山へ行くようにしたい。また、アイゼンを着けようとしたら登山靴に合わなくて行動できなくなり、救助されたケースもある。以前、山小屋で同室になった男性が登山用と思われる新品のタイツをパッケージから取り出したことがあった。その男性はタイツが小さすぎてはけないと困っていたので、そんなことをいま初めてやるからでしょうと思ったが、身に着けるものは試しばきしてサイズが合うことを確認してから山へ携行しよう。

スケジュール組みの失敗①

下山中に薄暗くなって転倒し、足をひねる

■下山の遅れがアクシデントにつながる

2年前から山歩きを始めたAさんは、紅葉シーズンの10月下旬に箱根の明神(みょうじん)ヶ岳と明星(みょうじょう)ヶ岳を訪れることにした。コースは仙石原(せんごくはら)から矢倉沢峠に登って明神ヶ岳、明星ヶ岳へと歩き、宮城野(みやぎの)へ下山するルートで、コースタイムは5時間ほど。昼食にはラーメンを作ることにし、バーナーやクッカーなどの装備を用意した。

山行当日、Aさんは行きの電車の中でお箸を忘れたことに気づいた。小田急電鉄の箱根登山線に乗り換える小田原駅で改札近くのコンビニエンスストアへ行って行動食を買い足し、割り箸も手に入れた。買い物の後、電車で箱根湯本駅へ移動し、バスに乗り換える。小田原駅を出たのが少し遅れたので、仙石バス停から歩き始めたのは10時ごろ。スタートはやや遅くなったが、日没前の16時くらいには下山できるだろうとAさんは思っていた。

　この日は雲が多く、時々日が差すような天候だった。しばらく道路を歩いた後、道標の立つ登山口から登山道に入る。ほぼコースタイムどおりに矢倉沢峠に到着。ひと休みした後、明神ヶ岳方面へと向かい、火打石岳の説明板が立つ場所に11時50分に着く。矢倉沢峠からアップダウンを繰り返してきたのでお腹が減ってきたが、昼食は明神ヶ岳の山頂でとりたいので、ここでは行動食を食べながら休憩する。

　火打石岳の北側を進んだ後、明神ヶ岳への登りとなり、明神ヶ岳に13時に到着。山頂には2組のパーティがいたが、空いているベンチがあったのでAさんはそこで昼食作りを始める。空はすっかり雲に覆われて日が陰ってしまい、時折姿を見せていた富士山も雲の中に隠れてしまった。ラーメンができて食べ始めるころにはほかの登山者は出発していて、山頂にいるのはAさんだけになった。

　昼食後にコーヒーを飲んで後片づけを済ませ、山頂を出発したのは14時。宮城野方面への道が分かれる913m地点の分岐には14時45分に着く。ここから宮城野へ下ることもできるが、Aさんは予定どおりに明星ヶ岳方面へと進んだ。分岐から緩やかにアップダウンしながら進み、明星ヶ岳の山頂部へ。下山路となる宮城野への分岐を過ぎると案内板や石碑が立ち、その前でひと息入れる。

　16時、明星ヶ岳山頂を出発。分岐に戻って宮城野方面へ向かうが、樹林の中の道なので薄暗く感じてしまう。やがて傾斜が急になり、あたりは次第に暗くなってくる。日没まではまだ時間があるはずなのにとAさんは思いながら、16時40分ごろ、早めにヘッドランプを取り出した。あと10分くらいで道路に出るかなとAさんが思っていたとき、足元に張り出した木の根に気づかずに足を引っかけてしまい、頭からゴロンと一回転して転倒し、右の足首をひねってしまった。

体を起こすと手を何カ所かすりむいていたので、Aさんは絆創膏を取り出して出血している箇所に貼る。だが、それよりも足のほうが心配だ。もし自力で歩けなかったらどうしよう。Aさんはおそるおそる立ち上がり、一歩、二歩と歩いてみる。右の足首をまっすぐ伸ばすとかなりの痛みがあったが、足先を斜めにして踏み出すようにすればなんとか歩けそうだ。「あと少しだからゆっくり行こう」とAさんは心を落ち着かせて再び歩き始めたが、すでに日没を迎えてあたりは暗くなっていた。やがて樹林帯を抜け、17時15分に道標のある登山道入口に着く。Aさんはここから道路を歩き、ゴールの宮城野橋バス停へと下った。

解説

■スケジュールの組み方で山行の成否が分かれる

仙石バス停を10時にスタートして16時に下山できるとAさんが考えたのは、コースタイムが5時間で休憩は１時間程度というざっくりとした読みからだろう。だが、実際には明星ヶ岳を出発したのが16時。歩行ペースはほぼコースタイムどおりだったが、明神ヶ岳山頂での昼食休憩に１時間を費やしていて、トータルの休憩時間が長かったため下山時刻が予想よりも遅れた。湯を沸かして昼食を作り、食べ終わって片づけをしてゆっくりしていると昼食休憩に１時間程度はかかってしまう。休憩時間の長さによって山での行動時間はだいぶ違ってくるので、休憩時間もきちんと考えて登山のスケジュールを組む必要がある。Ａさんもそれができていれば出発時刻を１時間から１時間半程度早めたスケジュールを組んでいて、薄暗くなる前に下山できただろう。

今回のように下山が日没後にならないように、登山口を早発ちして早めの時間に下山するのは山登りの原則だ。下山した宮城野の登山道入口の標高は約５３０ｍで、10月30日の日没時刻は16時55分ごろ。晴天の日に比べると曇りでは日が暮れる前から明るさが失われていく。疲れて歩くペースが遅くなる、コースを間違って時間をロスするなど、登山中にはなにが起こるかわからない。薄暗くなり始めるころに下山するようなスケジュールを組んでいると、なにかあって下山が遅れるとトラブルにつながってしまうことがある。今回はスケジュールの読みの甘さと下山予定時刻が遅すぎたことがアクシデントに結びついたといえる。山行計画を立てるときには登山口を早発ちして時間にゆとりをもたせたスケジュールを組むことが重要で、下山地には15時〜15時半くらいまでに到着できるように計画したい。

この山行時、Aさんは明神ヶ岳から下山した最後の登山者だったが、ケガの状態によっては自力歩行ができなくなった可能性もある。そうした状況になったとき、後続の登山者がいればその人に救助要請をしてくれるように頼むことができる。このような事例は数多くあり、たとえば2020年の9月初めに知床連山の羅臼（らうす）岳を下山中だった単独行の男性が熱中症によって行動できなくなったとき、ほかの登山者が救助要請して遭難者は救助されている。2020年に183件の遭難が発生した長野県の遭難届出状況を見ると、本人もしくは同行者が連絡した事例が115件（62・8％）と多かったが、ほかの登山者が通報したケースも31件（16・9％）あった。早発ちすることが万一のときに役立つこともあるのだ。

また、登山のスケジュールを組んだときには、スタート時刻と下山予定時刻だけでなく、山頂や分岐などの主要ポイントの通過予定時刻も記しておき、そのメモを登山時に携行するといい。今回のコースで明神ヶ岳〜明星ヶ岳〜宮城野橋バス停間のコースタイムは約2時間40分。宮城野橋に16時に下山するためには明神ヶ岳を13時ごろには出発しなければいけないが、Aさんが山頂を出発したのは14時で、すでに1時間の遅れがあった。明神ヶ岳の出発予定時刻が頭に入っていれば、この時点で宮城野橋へ下山するのが日没ぎりぎりになってしまうことは予想できたので、明星ヶ岳まで行かずに途中の９１３ｍ地点の分岐から宮城野へ下るという選択をすることができたのではないだろうか。

山行計画を立てるときにはエスケープルートとして利用できるコースを探し、何時までにこの地点に到着していなければエスケープルートを歩くと決めておくと、下山が日没後になる危険性を減らすことができる。登山口からの往復コースの場合には何時までに山頂に着かなければ引き返すというタイムリミットを設定しておくといい。

【失敗例に学ぶポイント】

①　出発地を早発ちし、時間にゆとりをもたせたスケジュールを組む

②　通過時刻のタイムリミットを考えておき、タイムリミットを過ぎたときに利用するエスケープルートを決めておく

スケジュール組みの失敗②

下山中に激しい雷雨に遭う

■ゴンドラの最終時刻に間に合うはずだったが

8月上旬、Bさんは先輩のCさんと一緒に信越国境に位置する日本百名山の一峰・高妻山(たかつま)を訪れた。Bさんたちは登山口にある戸隠(とがくし)キャンプ場に2泊する計画を立て、2日目に高妻山に登頂してキャンプ場に戻った。3日目はCさんのマイカーで戸隠から埼玉の自宅に戻る予定だったが、いつか日本百名山を完登したいと考えているBさんは、百名山の四阿山(あずまや)に登ってから帰宅したいと思い、夕食をとりながら「嬬恋(つまごい)にあるゴンドラを使えば山頂駅から4時間くらいで往復できるので、四阿山へ行きましょうよ」とCさんに話した。だが、Cさんはすでに四阿山へ登ったことがあるそうで、乗り気ではなかった。「ここから嬬恋へ移動するとスタートが遅くなって下山も遅くなる。きのうも車で戸隠に向かっている途中でけっこう強い雨が降ったし、無理して登らないほうがいいよ」とCさん。確かにここのところ猛暑が続いていて、午後になると大気の状態が不安定になって雨が降ることがよくあった。それでもBさんは「朝早くキャンプ場を出れば10時半には山頂駅をスタートでき、14時半には下山できるから大丈夫」とくい下がった。結局、Cさんは四阿山へは一緒に登らないけれど嬬恋へはつきあってくれることになった。

翌朝はまずまずの好天。6時半ごろに車で戸隠を出発して群馬の嬬恋村へ向かう。この日も朝から気温が高めだ。信濃町インターから上信越自動車道に乗って上田菅平インターで降り、四阿山の北東に位置するゴンドラの山麓駅へ。時刻はすでに10時半すぎ。ゴンドラの下り最終時刻である15時までに山頂駅に戻ってくるには少しペースを上げて歩かなければいけないが、Bさんは迷わず登ることにした。Cさんは車の中に詰め込んだキャンプ用具を整理してから山頂駅へ上がり、野地平周辺を散策するとのこと。別れぎわ、Cさんは「ゴンドラの最終時刻に間に合わなくて山麓駅まで歩いて下る可能性もあるから、ちゃんと装備を持っていけよ」とBさんに声をかける。

Bさんはゴンドラに乗り、山頂駅を11時すぎに出発。四阿山登山道へと入り、笹原や樹林の中を緩やかにアップダウンしていく。時折、展望が開けて北アルプスの山並みが見えるが、北側には雲が多くなってきている。茨木山（ばらぎ）分岐を過ぎ、標柱や祠のある四阿山に13時に到着。山頂からは浅間山などが眺められるが、北アルプスは雲の中に隠れてしまった。Bさんは山頂でひと休みしながら昼食をとったが、行きのペースから考えると15時までには山頂駅に戻れそうだ。13時20分、Bさんは山頂を出発して往路を引き返す。

Bさんが山頂から40分ほど歩いたころ、Cさんから電話が入った。Cさんがいる場所からは、北のほうから近づいてくる黒い雲の中で稲妻が光っているのが見えるそうで、もうすぐ雷雨になりそうだとのこと。Bさんは電話を切った後、雨が降り出す前になんとか山頂駅に戻りたいと思って急ぎ足で登山道を進んでいった。

15分ほどすると行く手からゴロゴロという雷鳴が聞こえてきて、Bさんは慌てて雨具を着込み、ザックにザックカバーをつける。山頂駅へ向かっていくと雨雲のほうに自ら飛び込んでいってしまうことになるが、進まないわけにはいかない。雷鳴はさらに近づいてきて、とうとう雨も降り出した。Bさんはどこかで雷雨をやり過ごそうと考えたが、稜線上なので適当な場所が見当たらない。仕方なくザックを笹の間に押し込み、自分はその近くの灌木の陰に座り込む。間もなく雨は土砂降りになり、雷鳴もかなり近づいてきた。雷鳴は西側の菅平高原のほうから聞こえてくるが、すさまじい轟音とともに雷が落ちることもあり、Bさんは生きた心地がしなかった。雷鳴は10分ほどすると遠くなっていったが、Bさんにはその10分がとても長く感じられた。雷が遠ざかった後も雨はまだ強かったが、徐々に弱まってくる。これなら歩けそうだとBさんが立ち上がって時計を見るとちょうど15時。ゴンドラの最終時刻には間に合わなかった。

Bさんが歩き始めると間もなく雨は上がり、青空が広がってきた。すると山頂駅のほうからCさんが歩いてきた。Bさんのことを心配して来てくれたという。「すみません……。下りのゴンドラにも乗れなくなって」とBさんは頭を下げる。山頂駅から山麓駅まで歩いて下ると2時間ほどかかるが、Bさんはゴンドラに乗れるだろうと思っていたので、ヘッドランプやビバークシートなどの装備を車の中に置いてきてしまった。「まあ暗くなる前には余裕で下りられるから、ゆっくり行こうや」とCさん。Bさんには反省することが多い山行となった。

解説

山岳地の天候は平地とは異なる

Bさんがあと1時間早く山麓駅に戻っていれば登山道上で雷雨に遭うことは避けられたし、下りのゴンドラに乗ることもできた。11時スタートで15時下山というぎりぎりのスケジュールを組んだことがトラブルにつながってしまった。戸隠から移動してくると11時という遅い時間の出発になるのは避けられなかったので、Cさんのアドバイスどおりにタイトなスケジュールで無理に登らないほうが賢明だった。

2人が上信エリアを訪れた8月上旬は猛暑続きで午後に大気の状態が不安定になることが多かったが、山岳地に限らず、夏の午後には地面付近の湿った空気が暖められ、上昇気流が起こりやすい。上昇気流によって積乱雲が発生すると雨や雷雨が降ることがあり、夏の午後に一時的に強い雨が降ることは少なくない。雷は大気中で放電が起こる現象で、気象庁のホームページに掲載されているデータを見ると、放電数が最も多いのは8月で、冬季（12～2月）の約100倍の数だ。夏季（6～8月）の放電は13～19時に多く観測されており、特に14～17時に多くなっている。また、平地では風は風上から風下へと吹き抜けていくが、山に当たった風は斜面に沿って上っていく。上昇気流が発生して上空に雲ができ、この雲が雨をもたらすことがあるため、季節にかかわらず、山岳地では天候が変わりやすい。

こうした気象面も、出発地を早い時間にスタートして下山地や目的地に早めに到着したほうがよい理由の一つで、天候が比較的安定していることの多い午前中に行程の大半を歩いておくことが望ましい。山小屋泊まりの山行の場合、小屋に15時くらいに到着できるように計画するのが一般的だが、夏山を縦走するときには朝6時発で次の山小屋に14時～14時半着というように、なるべく早発ち早着きのスケジュールを組むようにしたい。雨がお昼前後に降り出すこともあるが、雨宿りのために避難小屋などで30分から1時間くらい待機したとしても、早い時間に出発していれば目的地には夕方前に到着できる。

なお、ヘッドランプやファーストエイドキット、レスキューシート、非常食など、もしものときに備える用具は登山時の必携品だが、こうした装備を日帰り登山のときに携行していても使用する機会は少ない。だが、アクシデントがいつ起こるかわからないし、今回のように予定外のコースを下山することもある。たとえ短いコースや危険箇所の少ないコースを歩くときでも必携品は準備しておこう。

【失敗例に学ぶポイント】

① 季節にかかわらず、出発地を早発ちして目的地に早く着けるスケジュールを組む

② 日帰りで短いコースを歩くときでも必携装備を用意する

スケジュール組みの失敗③

下山が遅れて予約していたバスに間に合わない

■山小屋への到着がぎりぎりになる

7月の終わり、Dさん（女性）は所属する山の会の仲間であるEさん（男性）、Fさん（女性）と一緒に中央アルプスの空木岳へ行く計画を立てた。山の会は日帰りハイキングを中心に活動していて、Dさんは50代、EさんとFさんは60代。今回はDさんがパーティのリーダーを務めた。駒ヶ根高原に前夜泊することにし、1日目は中央アルプス駒ヶ岳ロープウェイの千畳敷駅から極楽平へ上がり、中央アルプスの主稜線を南へ縦走して木曽殿山荘に宿泊。2日目は空木岳に登頂して池山尾根を駒ヶ根高原へと下る。コースタイムは1日目が約6時間、2日目は約6時間30分。2日目は下山途中にある池山林道終点でタクシーを呼ぶことができ、タクシーを利用すれば歩行時間を1時間ほど短縮できる。

Dさんが木曽殿山荘に予約の電話を入れたところ、土曜が満室だったため、日曜に山荘に泊まる日程になった。Dさんは1日目の行動時間を休憩含めて8時間と想定し、山荘へ15時に着けるように千畳敷駅を7時に出発することに。そのため、菅の台バスセンターを5時45分に出るバスに乗ってロープウェイに乗り換え、千畳敷駅に6時37分着という予定を組んだ。

山行1日目、5時25分に菅の台バスセンターに到着。夏季はバスやロープウェイが混雑するが、この時間であればまだ観光客は少ないのでそれほど混雑していないだろうとDさんは思っていたが、すでにロープウェイのしらび平駅行きのバス停には長い列ができていた。切符売り場にも人が並んでいたので、慌ててその列に並ぶ。しらび平駅でも乗車待ちの列ができており、結局、千畳敷駅に着いたのは予定より30分遅れの7時7分。急いで朝食を済ませ、7時半ごろに駅を出発した。

この日は晴天で、主稜線上まで登ると大パノラマが広がり、3人は展望を楽しみながら縦走路を進んだ。登山道沿いでは高山植物が多く見られ、花を観察するのにしばしば足を止める。出発が30分ほど遅れたこともあってDさんは途中から時間のことが気になりだした。木曽殿山荘で夕食を提供してもらうには山荘に16時30分までに到着しなければならない。1日目の最後のピーク・東川岳山頂に到着したのは16時近く。あとは木曽殿山荘まで下るだけだが、コースタイムは約20分なので、時間的に見ると休憩をとらずに下りたいところだ。ただ、アップダウンを繰り返して縦走路を歩いてきたのでEさんとFさんは疲れ気味で、ここで休憩をとらないわけにはいかない。「あとは下り

東川岳から木曽殿山荘へと下る登山者。千畳敷駅からアップダウンのある縦走路をたどってくるので、到着が夕方近くになる登山者は少なくない

だけだからがんばりましょう」と言って休憩を5分で切り上げ、山頂を後にした。

だが、下りでもEさんとFさんのペースは上がらず、このままでは到着が16時半ぎりぎりになりそうだった。パーティが分散するのは避けるべきだが、やむなくDさんは2人に「ゆっくり下りてきて」と声をかけて先に下り、16時20分に山荘に到着。Dさんは受付を済ませて仲間がすぐに着くことを伝えた。山荘前でEさんとFさんを待っていると、2人は10分ほどして到着し、Dさんはほっとした。

下りでも予想より時間がかかってしまう

2日目は池山林道終点からタクシーを利用し、駒ヶ根高原にあるこまくさの湯に入った後、長距離バスのバス停がある駒ヶ根バスターミナルに移動し、バスで自宅のある東京へ戻る予定だ。山荘から空木岳山頂までのコースタイムは2時間ほどで、山頂からは下りになる。下りはほぼコースタイムどおりに歩けると考えて山荘から池山林道終点までコースタイムプラス30分程度とし、休憩時間を含めて7時間30分の行動時間を想定した。そして、朝6時山荘出発で池山林道終点に13時半ごろ着と予想。タクシーとバスでの移動時間と入浴時間を2時間見て、Dさんは駒ヶ根バスターミナル15時30分発の長距離バスを予約していた。ただ、1日目の山荘着が予定より遅くなってしまったこと、また1日目の行程が予想していたよりもハードでEさんとFさんの疲れ具合も心配だったので、Dさんは朝食後になるべく早く出発できるように準備しようと2人に伝えた。

2日目は5時40分ごろに山荘をスタート。空木岳へは初めから急な登りとなる。空木岳山頂に着くと大パノラマが広がり、登頂できた喜びを3人で分かち合う。山頂から下山を開始する前にDさんが時計を見ると、すでに8時を過ぎていた。途中で昼食をとることを考えると、下りはほぼコースタイムどおりに歩かなければ13時半に池山林道終点には着けない。下山が1時間遅れても温泉に入らなければ予約したバスに乗れるのだが、山を下りてそのままの格好で東京まで帰るのはできれば避けたい。

さらに、Dさんにはもう一つ困ったことがあった。前日の縦走中、電波が入る場所で山の会の仲間などに電話をかけたため、携帯電話が電池切れ寸前だった。空木岳山頂で試してみたが、もう通話はできなかった。EさんとFさんの携帯もすでに電池切れしている。電話をかけられなければ途中でタクシーを呼ぶことができず、15時半発のバスに乗るのはますます難しくなる。

空木岳からは正面に南アルプスの山々を眺めながら開放感のある道を下る。Dさんは時間のことが気になっていたが、EさんとFさんの歩行ペースはゆっくりめだ。やがて樹林の中に入り、水場のある池山小屋の分岐に着いたのは12時半ごろ。ここで昼食をとる予定だったが、そうすると池山林道終点に着くのは14時ごろになってしまう。そのとき、山荘で同宿した男性2人組が水場に着いた。2人はひと休みしながらどこでタクシーを呼ぼうかと相談している。Dさんはこの機会を逃したらタクシーには乗れないと考え、もし携帯電話のバッテリーが残っているのならタクシーを予約するために電話を貸してもらえないかと頼んでみた。すると片方のヒゲの男性が「うちらは午後1時半に林道終点に迎えにきてもらうように電話を入れるので、そのときに皆さんのタクシーも一緒に予約しますよ」と言ってくれた。だが、Dさんたちは長距離バスの便も変更しなければならない。「すみません、予約しているバスに間に合いそうもないので、便を変更するためにバス会社にも電話しなければいけないんです……」と上目遣いでお願いしてみた。「わかりました。ここでは携帯の電波が入らないので、電波の入る所まで一緒に下りましょうか」との返事。助かった！　下ろしていたザックを担ぎ上げるヒゲ男さんの姿が、Dさんには救いの大仏様のように見えた。そのとき「お昼ご飯はどうするの?」とEさんが少し心配そうに聞いてきた。Dさんは「それ、いま言うことですか」と言いたかったが、確かに朝食の時間が早かったのでお腹がすいて当然だ。前日の縦走の疲れもあるし、EさんとFさんにはここで昼食休憩をとってもらったほうがいい。この先は歩きやすい道なので、「私は電波の入る所まで行って電話をかけ、そこでお2人を待っています。2人はここで30分休んで昼食を食べてから下りてきてください」と伝え、2人組と一緒に先に出発した。

電話が通じる場所まで下りてDさんがバス会社に電話したところ、バスを1時間後の16時30分発の便に変更することができた。電話をかけた後、Dさんは2人組と別れたが、合掌しながら彼らの後ろ姿を見送りたい心境だった。その後、DさんはEさん、Fさんと合流。池山林道終点で予約したタクシーに乗り、こまくさの湯に浸かった後、長距離バスで帰路についた。

解説

■自分たちのペースに合ったスケジュールを組む

山行1日目・2日目とも行動時間は予定より約1時間の遅れ。2日間ともパーティのメンバーがバテて大きく遅れたというわけではないので、コースタイムの設定よりも歩行ペースが遅かったことになる。登山地図やガイドブックに表示されているコースタイムはあくまで目安となる時間。高山植物や展望を楽しみながらゆっくり歩くのがDさんたちのスタイルなら、それに合わせた歩行時間を想定してスケジュールを組む必要がある。その組み立てができていれば、出発時間を早めたり、最初から16時30分発の長距離バスに乗る計画にすることができたので、途中で慌てたり、パーティで分散して行動するような事態は避けられた。

普段の山行のときから、愛用している登山地図やガイドブックのコースタイムに比べて自分たちの歩行時間がどのくらい違うのかをチェックしておき（たとえば山と溪谷社のガイドブックのコースタイムと比べて登り・下りとも1・2倍ぐらいなど）、その比率から歩行時間を予測すれば実際と差の少ないスケジュールを組むことができる。

今回の例のように下山が遅れることによってバスに乗れなくなることがあるし、日の入りの時刻が早くなる時期には下山が日没後になってしまうこともある。山行経験を積みながら自分たちの歩行ペースを把握し、ペースに合ったスケジュールを組むようにしたい。

Dさんは下りではコースタイムどおりに歩けると予想していたが、確かに登りに比べれば下りではペースが大きく遅くなるケースは少ない。だが、EさんとFさんには1日目の疲れもあり、歩行ペースが上がらなかったと思われる。日帰りでコースタイム7時間のコースを歩いた翌日、足の筋肉痛や体の疲れを感じる人も少なくないだろう。そうした人は小屋泊まり縦走の計画を立てるときに2日目以降の疲れを考慮に入れた行程やスケジュールを組むようにしたい。連日コースタイム7時間の道のりを歩くのではなく、2日目は歩行時間を短くして5時間にする、あるいは日帰り山行のときよりもゆっくり歩くことを想定したスケジュールを組むようにするといい。

■事前に混雑状況を確認し、早めに行動する

1日目は千畳敷駅を予定どおり7時にスタートしていれば木曽殿山荘には16時ごろに到着できたので、千畳敷駅6時37分着のロープウェイに乗れなかったことも慌てる原因の一つになった。夏季や紅葉シーズンの週末などの最盛期には菅の台バスセンター5時15分発のバスが運行されるが（2021年のダイヤで、千畳敷駅6時7分着のロープウェイに連絡）、好天の日にはこの始発バスが出る前の5時ごろには乗車待ちの列ができている。こうした情報はインターネットで知ることができるので、事前に状況を調べ、混雑を予測して早めに行動したり、時間にゆとりをもたせた計画を立てることが必要になる。Dさんはある程度の混雑は予想していたが、始発バスの発車時刻前から乗車待ちができることを知っていれば、菅の台へ行く時間を早めて予定のロープウェイに乗ること

ができただろう。

行楽シーズンに乗車に待ち時間が出るのは駒ヶ岳ロープウェイだけでなく、北アルプスの剱・立山連峰の玄関口・室堂ターミナルへ行く立山黒部アルペンルートや、白馬岳への登山口・栂池自然園へ延びるつがいけロープウェイなども同様だ。また、日本百名山などの人気の高い山では、混雑する時期には早朝から登山口周辺の駐車場が満車になって駐車場へ入るのに苦労することがあり、早めに到着しないと登山口から離れた場所に駐車することになる場合もある。マイカー利用の場合でもハイシーズンには早めに登山口に到着できるように計画したい。なお、２０２１年８月現在、新型コロナウイルス感染拡大防止対策として乗車人数を制限している乗り物が多いので、ロープウェイなどの乗り物を利用する場合には事前に運行状況を確認しておこう。

山小屋も同様で、コロナウイルス感染拡大防止のために相部屋の収容人数を定員の半分以下に減らすなどの対策を行なっている。そのため、夏季や紅葉シーズンなどの混雑する時期の週末は１カ月以上前から予約でいっぱいになってしまう小屋もある。現在はホームページから混雑状況を確認できる山小屋が増えているので、状況を確認しながら山行の日程を早めに決めて予約を入れるようにしたい。

なお、Ｄさんたちが空木岳を訪れた当時はガラケー（ガラパゴス携帯）が主に使用されていた。

現在はスマートフォンが一般的で、多くの登山者がスマホのＧＰＳも利用しているが、登山中にＧＰＳや登山アプリを使っているとバッテリーの消耗が早くなる。バッテリー切れで必要なときに電話が使えなくなることがないように、登山時にはスマホを充電するためのモバイルバッテリーやヘッドランプの予備電池などを必ず携行しよう。

【失敗例に学ぶポイント】

①　自分の歩行ペースを把握し、ペースに合ったスケジュールを組む

②　山小屋泊まり縦走では自分たちの体力に合わせた予定を組む

③　ハイシーズンには混雑状況をチェックして早めに行動したり、時間に余裕をもたせた計画を立てるようにする

④　モバイルバッテリーや予備電池を忘れずに用意する

スケジュール組みの失敗④

晩秋、ロングコースで日没を迎えてビバークする

■雨の中を歩き、目的地に着く前に暗くなる

11月半ば、Gさんは東京都最高峰・雲取山の北西に位置する長沢背稜を縦走することにした。長沢背稜は東京と埼玉の境に延びる長い稜線で、Gさんがいつか歩いてみたいと思っていた縦走路。計画では埼玉側の三峯神社から入山して霧藻ヶ峰や白岩山を越えて長沢背稜へと進み、1日目は酉谷山避難小屋に宿泊。2日目は天目山（三ツドッケ）、蕎麦粒山などのピークを越えて飯能市の名栗湖方面へ下る予定だ。2日ともコースタイムが8時間半を超えるロングコース。Gさんは中途半端なコースではないことを十分に理解し、非常時に備えてテントを携行して挑戦することにした。

山行当日の11月14日は朝から雨模様だったが、Gさんは一度決めた計画を断念できず、予定どおり決行することにした。秩父鉄道の三峰口駅から三峯神社行きのバスに乗る。神社に着くと霧雨が降っていて、あたりは霧で真っ白だった。レインウエアに身を包んだGさんは10時半に神社を出発。

スタートは少し遅くなったが、夕方までには目標とする西谷山付近まで楽勝で行けると思っていた。霧藻ヶ峰を越えて前白岩の肩に着くころには雨がだんだん強くなってきた。標高1776mの前白岩山を過ぎると雨は土砂降りに近くなってきて、Gさんは白岩小屋のひさしの下で休憩する。すでに標高差700mほどを登ってきているので、雨具の下は汗だく。いくら待っても雨はやみそうにないので小屋を後にして歩き出す。

長沢背稜への分岐点に着くと西谷山方面を示す道標があり、「西谷山・天目山方面」という文字の下に「健脚向き」と記されていた。雨は小降りになってきており、ここで引き返すわけにはいかない。Gさんは覚悟を決めて先へ進むことにした。時刻はすでに14時だったが、この時点でもGさんは目的地には楽勝で着けるであろうと楽観視していた。

アップダウンを繰り返しながら縦走路を進んでいく。長沢山に着くころにはまた雨が強くなってきた。時刻は15時13分。滝谷ノ峰を過ぎ、小雨の中、樹林帯を歩いていると、あたりがだんだんと暗くなってきた。まだ晩夏のようなつもりでいたGさんはおかしいな、なんでこんなに早い時間から暗くなるんだろうと思いながら時計を見た。時刻は16時すぎだ。そのときGさんは、はっと気づいた。しまった、今はもう11月だ。日没は何時だろうかと考えながら急ぎ足で進む。登山道は右側が切れ落ちた崖の上に続く細い道だったが、疲労と焦りからGさんの判断力はかなり低下していた。

降りしきる雨で視界も悪く、その先でGさんは木の株を子グマと見間違えてしまう。あたりに親グマがいるのではないかと警戒して観察しているうちに時間が過ぎていき、木の株だと気づいて再び歩き始めたときにはもうあたりは真っ暗だった。Gさんはヘッドランプを取り出して狭い登山道を足早に進んでいったが、16時半ぐらいには先へ進むのが難しくなった。酉谷山避難小屋まではまだ1時間くらいはかかるだろう。暗い中を進んで足を踏み外して崖から落ちてしまったら、それこそ一巻の終わりだ。Gさんはビバークすることを決断する。

テントに入っても体の震えが止まらない

道の横に平らな箇所がある地点までなんとか進み、テントの設営を始めたが、あたりは真っ暗なうえ、土砂降りである。Gさんは30分ほどかかってなんとか設営を終えてテントの中に入ったが、寒さで体の震えが止まらなかった。大急ぎで濡れたアンダーウエアを着替え、持参していたウエア類を着込む。そして羽毛シュラフに下半身を入れた状態で夕食をとり、温かいカフェオレを飲んだが、それでも体の震えは止まらなかった。頭にニット帽をかぶってシュラフに入り込んでひたすら体を温めると、20時すぎぐらいになってようやく体が温まってきた。

外は土砂降りで、雨粒がテントを激しくたたく。真っ暗な深い森の中、雨音に混じってなにやら

Gさんは三峯神社を出発して登山道へと進む。あたりは霧に包まれていた

薄暗い雨の中で、Gさんは登山脇にあった木の株を子グマと見間違えてしまった

外でガサゴソと音がする。どうも動物がテントの周りをうろついているようだ。クマ、あるいはイノシシ？　大きなクマがテントに覆いかぶさってきて自分が食べられてしまうことを想像し、Gさんの恐怖心はいや応なしに高まってくる。滑落や低体温症の危機から逃れたGさんだったが、今度は動物に襲われる恐怖に震えることになった。恐怖心からGさんは1時間ごとに目を覚まし、テントの外で音がするたびにヘッドランプをつけ、換気用の窓から外をのぞいた。そして、気持ちを落ち着かせてシュラフに潜り込むというパターンを朝まで繰り返した。

そして、ようやく夜が明けてきた。6時半でもあたりはまだ暗かったが、Gさんは簡単に朝食を済ませてテントを撤収し、まだ雨の降る中、7時に出発。ハプニングの連続で身も心もずたずたになっていたGさんは長沢背稜の縦走を断念し、天目山に登頂した後にヨコスズ尾根を下り、12時ちょうどに東日原バス停に着いた。

解説

■季節を考えて登山計画を立てる

晩夏のような日照時間を前提としていたため、スケジュールの組み方が失敗した。標高約158

0m地点にある西谷山避難小屋付近の日没時刻を見ると、晩夏にあたる9月5日は18時13分ごろ。一方、Gさんが長沢背稜を歩いた11月14日は16時44分ごろで、9月5日より1時間半近く早い。区間ごとの歩行時間を見るとGさんの歩くペースはかなり速いが、16時台に日が暮れてしまうことがわかっていればGさんも登山口の三峯神社を10時半に出発するスケジュールにはしなかっただろう。三峯神社の宿坊に前泊するなどして登山口を早発ちすれば、11月中旬であっても日没前に目的地へ到着できる（現在、緊急時以外は西谷山避難小屋に宿泊できない）。中級山岳や低山の多いエリアでは、11月は5月と並んで遭難が多く発生している月で、暗くなって道に迷う遭難もしばしば起こっている。

季節によって変化するのは日照時間だけでない。積雪の有無や気温なども山の選び方やスケジュールの組み方を左右する。たとえば3月に標高1700〜1800m前後の山に登ろうとしたとき、コース中に雪が残っていることがある。事前にコース上にどの程度の雪が残っているかを調べ、雪が多ければ無雪期よりも歩行時間を長めにとったスケジュールを組む必要がある。もし雪上を歩いた経験が少なく、雪山経験のある同行者がいない場合には、山の選択を変えて残雪のない低山に変更するほうが安心だ。季節を考えてコース選びをし、季節に合わせたスケジュールを組むことが安全な山歩きにつながる。

■悪天時にはさまざまなリスクが生じる

山行前日の11月13日は低気圧と前線が西から近づいていて、関東地方では14日から15日の午前中にかけて悪天が予想されていた。Gさんはレインウエアを着て行動し、登りでは汗をかき、長沢背稜では本降りの雨に濡れて体の熱が奪われて体温が低下したため、テントに入った後も体の震えがなかなか止まらなかったのだろう。Gさんはテント内で体を温めたり、食事でエネルギーを摂取するなどの対処を行なったが、もしテントに入らずに歩き続けていれば低体温症が進んでいったと推測できる。強い雨や風の中で行動すると低体温症になるリスクが生じるだけでなく、視界が悪くなる、足元が滑りやすくなる、道が崩れやすくなるなど、危険要素が増える。悪天候のときには無理に行動しないことが登山の鉄則で、今回のように事前に悪天になることが予想されていた場合には登山を中止するほうがいい。

数日にわたる縦走登山の場合には悪天の日に停滞するための予備日を設定するが、日帰りの登山の場合でも悪天に備えて代替日を設けておくと、予定日に悪天が予想されるときは山行を延期にすることができる。また、春は天気の変化が早い、夏の太平洋高気圧が弱まって高気圧の北側に前線が停滞すると秋の長雨になるなど、シーズンの気象の特徴を知り、長期予報をチェックして天気の傾向を把握しておくと山行の日程を決めるときの参考になる。

Ｇさんは木の株を子グマと見間違えてしまったが、薄暗い中を疲れた状態で歩いていればそうした間違いも起こしてしまう。以前、私は山で大きな黒い犬を連れた登山者とすれ違ったことがあった。そのとき、私の後ろを歩いていた友人が犬を見て「おっ！」と大きな声を上げて「一瞬、クマかと思った」とびっくりしていた。人間に連れられて登山道を歩いてくるクマはいないのだが、とっさのときには見誤ってしまうことがあるのだ。

【失敗例に学ぶポイント】

①　季節を考えてコースを選び、季節に合わせたスケジュールを組む

②　悪天候のときには無理には行動せず、悪天に備えて予備日や代替日を設けておく

③　シーズンごとの気象の特徴や傾向を把握しておく

コラム②

▼登山中にどういう状況で転倒しやすいか

人は失敗を犯すといらだったり、落ち込んだりするもの。そして、同じような失敗を繰り返すと、いらだちや落ち込みの度合いはさらに増してしまう。そのため、私は同じミスを繰り返さないように、失敗をしたときにはなぜそうなってしまったのかを考えるようにしている。

登山中に自分や同行者が転んでしまったときも転倒した原因を探るようにしているが、気をつけないと転びそうだなと思っていた場所で転倒してしまうことは少なくない。たとえば、足元がずるずると滑る砂礫の道や、つるつるした岩に覆われた道など。また、岩の多い道や木道などは雨や霧で濡れているとかなり滑りやすくなる。

一方、なぜこんな所でというような、歩きやすいごく普通の登山道で転倒してしまうケースも多く見られる。以前、霧が立ち込める中、北アルプスの前穂高岳から奥穂高岳へと縦走し、涸沢（からさわ）に下りてきたことがあった。岩尾根のザイテングラートを下って平坦な道に入り、もう涸沢ヒュッテは目の前という所まで来たときに仲間の1人が派手に転倒してしまった。このケースでは、難所の多い険しい岩稜帯を歩き終えて気が緩んだこと、そして長距離を歩いてきたことによる疲れが転倒の原因になったと考えられる。目的地に近いごく普通の登山道で同行者が転倒したことは、このとき以外にも2回ほどあった。

私は日課にしているランニング中に転んだこともあった。私はいつも都立公園内を走っているのだが、公園は少し下がった位置にあるため、坂を下ってから公園の敷地に入っていく。その日は公園に行く前に寄り道をしたためいつもと違う坂を下り、その途中で転倒した。転んだ理由を探るため、坂の様子を観察したところ、坂の傾斜が一定ではなく、途中に平坦になった箇所があった。この平坦な部分に足を置いたとき、前につんのめるようなかたちで転倒したと思われる。こういう状況は山でも十分にありうる。つまり、下り坂の途中で傾斜が少し変化したり、足を置く斜面が少し傾いたり、道の状況が少し変化している所で転倒しやすくなることに気づいたのだ。

それからしばらく経った後、月刊誌『山と溪谷』の遭難特集の仕事で、当時、東京都山岳連盟の救助隊に所属していた金子秀一さんにお会いする機会があった。金子さんの見方も私と同じで、登山道の傾斜や向きが少し変わる、雪面の硬さが少し変わるというように、道の状態がちょっと変化する所でアクシデントが起きやすいとコメントされていた。それにより、自分の説（というより思いつき）が正しかったと確信を得ることができた。

下調べ不足による失敗①

下山中にコースを間違える

■分岐で先行者についていってしまう

Aさんは昨年から友人たちと一緒に山歩きを始めた。山仲間の1人であるBさんが富士山へ登ろうと言い出し、8月上旬、仲間たちと吉田ルートから富士山へ登ることに。参加者は男性5人、女性2人の7人で、全員が20代。ハイキングに出かけた帰りに主なメンバーで相談し、山頂部でご来光を見る計画にした。メンバーのほとんどが3000m級の山に登ったことがないため、標高が3000mを超えない七合目の山小屋に宿泊し、2日目は深夜に小屋を出発して山頂をめざす。

1日目、富士急行の富士山駅近くで早めの昼食を済ませた一行はバスで富士スバルライン五合目へ。バスを降りてAさんたちは早速歩き始めようとしたが、Cさんが高度に慣れるため少し五合目で時間を過ごそうという。「さすがマジメくん（Cさんのあだ名）、研究熱心だね」とBさんがからかう。五合目を30分ほど散策して小御嶽（こみたけ）神社に参拝した後、13時に五合目をスタート。16時前、七合目上部にある山小屋に到着した。夕食後に仮眠をとるが、初めての山小屋泊まりでなかなか寝つけないメンバーもいた。

23時半、起床して準備を始め、深夜0時ごろ、ヘッドランプをつけて小屋を出発。前日、いちばん元気だったAさんが先頭を歩くことになり、この日はみんなから「隊長」と呼ばれるようになった。Aさんは時々立ち止まって仲間を待ち、一緒に休憩をとるようにしたが、Cさんは休むたびに水をごくごく飲んでいる。高山病対策として水分をとるほうがいいというので、ほかのメンバーもCさんにならって水分をこまめにとるようにする。

4時すぎ、Aさんたちは須走口（すばしりぐち）・吉田口頂上に到着し、ご来光を拝んだ。その後、疲れ気味だった2人を残し、5人が最高点の剣ヶ峰を往復した。須走口・吉田口頂上に戻って待っていた2人と合流し、一行は6時半ごろに下山を開始。大きくジグザグを切って砂礫の道を下っていくが、下るにつれて霧が湧いてきた。20分ほど下った所でメンバーの1人が足にマメができたので絆創膏を貼りたいといい、全員でひと休みする。そこから20分ほど下ると道標の立つ分岐があったが、Aさんはまだ休憩するには早いなと思った。道標をちらっと見ると左が富士山山頂と記されていた。そのとき、道標の横で休んでいた3人組が立ち上がって右に下り始めたので、Aさんもその3人組と同じ方向へ下っていった。10分ほど下ってAさんが振り返ると、仲間の姿が見当たらない。おかし

富士山・吉田ルートの九合目付近。霧が立ち込めると視界がきかなくなる

いなと思ったとき、Ａさんのスマートフォンが鳴った。Ｃさんからの電話で、ほかのみんなは下江戸屋分岐という所にいるのだが、Ａさんの姿が見えなくなったので電話をしたという。Ａさんは須走ルートの下山道に入ってしまったのではないかとＣさんは話す。慌ててＡさんは通りがかった登山者にここは何ルートかを尋ねたところ、やはり須走ルートとのこと。しまった、コースを間違えていた。Ａさんはあとでみんなに追いつくので先に行ってくれと伝えたが、近くの山小屋で待っていてくれるとのこと。Ａさんは急いで道を登り返したが、標高３０００ｍを超える高所なので息が切れてしまう。何度も立ち止まって息を整えながら登り、25分ほどで分岐に戻った。分岐であらためて道標を確認すると道標には富士山山頂、富士スバルライン五合目・吉田口、須

走口五合目の3方向が記されていて、確かにAさんは須走口五合目のほうへ下ってしまっていた。

ほかのメンバーと合流すると、Bさんに「マッタク、Aはそそっかしいんだから。ちなみにCがニューリーダーになったから」と言われた。話を聞くと、下江戸屋分岐で吉田ルートと須走ルートを間違えて下る登山者が多いので、2番目を歩いていたCさんが止まってみんなを待っていたそうだ。考えてみると、Cさんは高山病予防策についてもいろいろと調べていた。Cさんに比べて下調べ不足だった自分は隊長の座を剥奪されても仕方ないと思ったAさんだが、いつか一人前の登山者に成長するぞと心に誓った。

解説

下調べがトラブルを未然に防ぐことになる

事前にコースの様子や注意点を調べていたCさんと、その作業をきちんとしていなかったAさんとの差が出た山行だった。下江戸屋分岐でAさんが道標をしっかり確認していれば防ぐことはできたトラブルではある。とはいえ、霧が立ち込めていて道標を見過ごしたり、疲れから漫然と前の登山者についていってしまい、Aさんのように下江戸屋分岐でルートを間違えるケースは多発している。富士山のガイドブックや登山地図ではこの分岐を特に注意すべき箇所として紹介しているので、Cさんのようにコースの下調べをしていれば道標を見落とす可能性はかなり減ったはずだ。ガイドブックなどを見て歩くコースの状況や注意すべきポイントをチェックすることは登山前の必須事項で、下調べをすることが今回のような失敗を防ぐことにもなる。下調べをしていなかったために起点のバス停から間違った方向に歩き、歩く予定ではなかった山に登ってしまうような例もある。

　その山が自分の体力・技術レベルで歩けるかどうかを判断することは山選びのときに欠かせない作業で、そのためにも山行計画を立てるときにコースの様子を調べることは重要だ。下調べをしておかないと、自分の実力では登ることができないコースに行ってしまうこともある。以前、夏に北アルプスの西穂高岳へ行ったとき、丸山から独標（どっぴょう）へ向かう途中で下山してくる若い男女とすれ違った。まだ午前中の早めの時間だったので、彼らは前日に西穂山荘に泊まったのだろう。もう西穂山頂まで行ってきたのかと尋ねると、私たちにはとても登れそうもないので戻ってきましたとの返事。2人とも笑顔で、登頂できなかったけれども2人で行ったので楽しかったのだろう。また、無理をせずに引き返してきたのはとても賢明な判断だ。とはいえ、西穂山頂まではどのような道のりであるかを事前にしっかり調べていれば、その段階で自分たちの実力では山頂へ行くのは難しいとわかったはず。せっかく北アルプスまで来たのだし、たとえば西穂山荘から焼岳（やけ）へ行く計画にすることもできたのではないだろうかと、老婆心ながら思ってしまった。

Ｃさんは下調べをしていろいろな情報を把握していたので、登山前にこの情報をメールやＬＩＮＥなどでメンバーに伝えておけばなおよかった。また、今回の例のように登山中に仲間とはぐれてしまうことがあり、山によっては富士山の主要ルートと違って携帯電話が通じない場所もある。パーティ登山ではメンバー一人一人が出発点から下山地点までどのようなコースを歩くのかを把握し、コース上の注意箇所などの情報を共有しておくようにしたい。

【失敗例に学ぶポイント】

① 山行前に歩く予定のコースの状況や注意ポイントを調べておく

② パーティ登山では各自が歩くコースをきちんと把握し、危険箇所などのコース情報を共有しておく

下調べ不足による失敗②

バスが運休日で、下山地からさらに歩くことに

■都民の森に人影がなく、不思議に思う

Dさんは仕事が平日休みの勤務シフト。次の休日は敬老の日の翌日である9月の第3火曜で、この日に奥多摩の三頭山と槇寄山へ登ることにした。3年前、新緑の時期に三頭山から槇寄山へと歩いたことがあるので、今回は逆コースにしようと考えた。JR五日市線の武蔵五日市駅7時20分発のバスに乗り、仲の平バス停からスタートして槇寄山へ登り、三頭山へと縦走する。三頭山からはブナの路をたどり、三頭大滝を経由して都民の森バス停へと下り、14時30分発の連絡バスに乗る予定だ。

山行当日、仲の平でバスを降りたDさんは登山口へと向かう。この日は晴天で、仲の平で下車した登山者はほかに4人ほどいた。10時前に槇寄山山頂に到着。山頂からは富士山が正面に見えた。槇寄山から北へ進み、ムシカリ峠を経て三頭山西峰の山頂へ。3年前には多くの人でにぎわってい

富士山を眺められる三頭山西峰の山頂。好天の日は平日でも登山者が多く訪れているが、都民の森休園日には駐車場も閉鎖されるため登山者が少なくなる

た山頂だが、この日の登山者はほかに2人だけだった。

西峰で昼食を済ませたDさんは13時すぎに山頂を出発。ムシカリ峠に戻って檜原都民の森のブナの路を歩き、三頭大滝が一望できる滝見橋へと下った。3年前、大滝の周辺には観光客の姿も見られたが、今回は誰もおらず、Dさんはおかしいなと思い始める。都民の森入口にある売店も閉まっていて、駐車場には車が1台もない。この日は都民の森の休園日だったようだが、休園日は月曜のはずなのにとDさんは不思議に思う。そして、今日は都民の森からのバスは運行されているのだろうかと急に焦り始める。慌ててバス停へ向かうと、やはりこの日はバスも運休だった。しまった、バスの出る数馬まで歩かなければならない。時計を見ると時刻は14時10分。都民の森14時30分発の連絡バスは数馬14時49分発の武蔵五日市駅行きバスに接続していたが、登山地図を見ると数馬までのコースタイムは50分で、このバスに間に合わせるには時間的にぎりぎりだ。スマートフォンで次の便の時刻を調べたところ、数馬16時9分発だった。この便では時間がかなり空いてしまうので、なんとか14時49分発に間に合わせようと、Dさんは奥多摩周遊道路に出て足早に数馬へと向かった。

所々車道をショートカットしながら急ぎ足で数馬をめざす。歩きながら、きのうの月曜が祝日だったので今日が休園日になったことにDさんは気づき、運行日をしっかり確認しておけばよかったと後悔した。だが、今はペースを落とさずに歩くしかない。車道を歩いていると、時々車がDさんの横を通り過ぎていく。数馬まで乗せてくれないかなと思ったが、自立した登山者を自負するDさんにはヒッチハイクをするようなことは到底できず、予定どおりの行程を歩いているかのように平静を装いながら進んだ。九頭龍(くずりゅう)神社の横を過ぎ、そろそろ数馬に着きそうだと思って時計を見るとすでに14時45分。バスが出るまであと4分しかなく、慌ててDさんは走り出す。数馬上の標識のあるカーブを過ぎるとバス停があり、バスが停車しているのが見え、Dさんはラストスパートをかけてバスに乗り込んだ。

解説

山岳地のバスには季節運行や曜日限定の路線がある

東京都檜原村にある都民の森へ行くバスの運行日は月によって異なり、正確に覚えるのはかなり難しい。9月は基本的に都民の森が休園となる月曜が運休日だが、月曜が祝日の場合には翌日の火曜が休園で、バスも運休となる。数馬～都民の森間のバスは都民の森を訪れる人のために運行されている無料の連絡バスなので、休園日に運休となるのは当然のことだが、Dさんのように運休日であることに気づかずに都民の森へ行ってしまう登山者は少なからずいる。

都民の森行きバスの運行日のややこしさは特殊といえるが、山岳地へ向かうバスには季節運行や曜日・特定日限定運行の路線が数多くある。たとえば、JR中央本線の茅野駅から八ヶ岳の主峰・赤岳への登山口となる美濃戸口（みのとぐち）へ行くバスは年末年始やゴールデンウイークなどを除くと土・日・祝日のみの運行（2021年度）。日曜にバスに乗って美濃戸口から入山し、山中で1泊して平日の月曜に下山した場合、帰りはタクシーを利用して茅野駅に戻ることになる。美濃戸口へ下山してバスが運休日だったことを知り、ヤケを起こして4時間近くかけて茅野駅まで歩く登山者もたまにいるが、こうした失敗をしないように、行き帰りのバスについて調べるときには時刻と一緒に運行時期や運行日を確認する習慣をつけておきたい。歩く予定のコースだけでなく、エスケープルートの下山口からのバスについても時刻と運行日を調べておこう。

また登山中、場所によってはスマートフォンからインターネットに接続できないことがある。乗車する予定のバスの時刻だけでなく、前後の便の時刻も調べておくと、なにかあって乗車するバスを変更したいときに役立つ。

【失敗例に学ぶポイント】

① アクセスに利用するバスは時刻だけでなく、運行時期や運行日も確認しておく

② 下山口から乗車する予定のバスの時刻だけでなく、前後の便の時刻も調べておく

下調べ不足による失敗③

飲み水なしで長時間歩くことに

■荷物を軽くしようと思ったことが失敗につながる

Ｅさんは５月最後の週末に日本百名山の一峰・雲取山へのテント山行を計画した。登りに選んだのはＪＲ青梅線の奥多摩駅から石尾根をたどるコース。標高約３４０ｍの駅からスタートする標高差のあるロングコースで、尾根上にある鷹ノ巣山などのピークを踏まずに巻き道を通って歩いたとしても、テント場のある雲取山荘まではコースタイムが９時間近くに及ぶ。Ｅさんはこの山行のために最新モデルの１人用テントを購入し、試し張りもして準備を整えた。山行予定日は快晴の予報で、Ｅさんはわくわくするような気分だった。

山行１日目、奥多摩駅をスタート。道標に従って歩き、石尾根コースの登り口へと進む。テントや食料、着替えなどを詰め込んだザックは重さが10kgを超えており、担ぐと肩にくい込むようだった。Ｅさんは３本のペットボトルを携行していたが、どこかに水をくめる沢があるだろうと思っていて中身はすべて空だった。水は重いので少しでもザックの重量を軽くしたいという思いから空にしたのだが、この判断によって登山中に地獄の苦しみを味わうことになる。

登山道に入ったEさんはひたすら高度を上げていく。樹林帯の道とはいえ、初夏の快晴の日の気温は高い。暑くて体中から汗が噴き出てきて、のどが渇く。だが、あたりを見渡しても、耳を澄ましても沢の気配は感じられない。このルートにはずっと水場がないとEさんが気づいたのはかなり登ってから。奥多摩駅まで引き返すとなると今回の登山はあきらめなくてはいけなくなり、もう手遅れである。脱水のためか、だんだんと目の前が白くなってきた。もしほかの登山者に出会ったら恥をしのんで少し水を分けてもらおうとEさんは思った。いや待てよ、山に登るのに水を持参していないようでは登山者として失格だから、たとえ登山者と出会ってもそんなことをお願いできないよなと、Eさんは頭の中であぁでもない、こうでもないと考えをめぐらせていた。持参した食料はインスタントラーメンと登山用ドライフードだけ。つまり水分の代わりになるものはまったくなかった。

Eさんは次第に目が回り始め、足元はふらふらになり、少し登っては木陰で休むというパターンの繰り返しに。鷹ノ巣山を巻いて鷹ノ巣山避難小屋に着いたときにはほとんど立っていられない状態で、ふらふらになりながら小屋の前のベンチに腰かけた。小屋の中に入ってみると水を入れるポ

雲取山へと続く石尾根。奥多摩を代表する尾根で、長い登りが続く

リタンクがいくつも置いてあった。そして、その中のいくつかにはまだ水が残っていたのである。それは古い水だったかもしれないが、Ｅさんはまったく気にせず、水を自分のペットボトルに移して無我夢中でがぶがぶと飲み続けた。その後、Ｅさんは小屋の近くにある水場で水を得て、ラーメンを作って食べ、ようやく生き返った。

ここまでだいぶ時間をかけてしまったが、雲取山荘には遅くとも16時前には着きたいと考えてＥさんは先を急いだ。七ツ石山への分岐まで来たときには調子もだいぶ戻っており、七ツ石山の山頂を踏んでいくことに。だが、重い荷を背負ってすでに8時間ぐらい歩いていたＥさんには七ツ石山への登りがかなりつらく感じられ、やっとの思いで山頂にたどり着く。

七ツ石山を後にしたEさんはテントがひしめく奥多摩小屋の前を通り、小雲取山へと登った。小雲取山の少し先に雲取山荘方面へ行く巻き道の分岐があり、Eさんは巻き道へと進む。巻き道経由の小雲取山〜雲取山荘間のコースタイムは30分で、アップダウンはほとんどないが、かなり疲労がたまっていたEさんにはこの道がとてつもなく長く感じられた。巻き道の途中で精根尽き果て、重いザックを下ろしてひと休み。さらに歩き続けると、ようやく雲取山荘の建物が見えてきた。時刻は17時すぎで、北側の尾根道沿いにあるテント場にはすでにたくさんのテントが並んでいて、設営するスペースはなかった。Eさんはやむを得ず東側の斜面上にテントを張ったが、張り終えたときは日没寸前だった。Eさんのテントの床面はやや傾いていたため、中で寝ていると徐々にずり落ちてしまう。だが、到着が遅れてしまったので仕方のないことだった。

翌日、Eさんはブナ坂から鴨沢(かもさわ)コースを下り、鴨沢バス停に10時半ごろ下山した。

解説

コース状況を知ることで必要な装備がわかる

初夏の快晴の日に8時間を超えるロングコースを歩くときに水を1滴も持っていかない登山者は

99％いないだろう。だが、Ｅさんは残りの１％に属するまれな登山者だった。もし水を携行しないのならば、山行前にコースの下調べをして水場の有無と位置を確認しておくのは当然のこと。石尾根コースで最初の水場は鷹ノ巣山避難小屋近くにあり、出発点の奥多摩駅から水場までのコースタイムは5時間20分ほど。Ｅさんは下調べを怠ったために、暑い中、11㎞を超す道のりを水なしで歩くことになってしまった。

このような失敗をしないためにも、山行前に歩くコースの様子を調べ、コース状況に合わせた装備を用意するのは欠かせないこと。水に限ったことではなく、たとえばガイドブックに三点支持が必要となる岩稜帯が続くと記されていれば手の保護用のグローブを持っていく、インターネットで最新の山行記録を見てコース上に残雪があるようなら軽アイゼンやスパッツを用意するというように、下調べをして必要な装備を知り、準備することが安全で快適な山歩きにつながる。

■重荷を背負うテント山行では歩行ペースが遅くなる

鷹ノ巣山避難小屋で水を得て体調が戻りつつあったＥさんだが、途中から疲れてペースが上がらず、雲取山荘への到着が遅くなった。今回、Ｅさんが１日目に歩いた奥多摩駅から雲取山荘までの行程はコースタイムが約９時間、距離は約18・９㎞で、１日で歩くにはかなりハードだ。Ｅさんは山行記を著していて、その山行記を読むとEさんの歩行ペースはかなり速く、ロングコースも幾度となく歩いていた。だが、今回はテント山行のため装備が重く、水なしの状態でザックの重量は10kgを超えていた。荷が重くなると歩行ペースは遅くなり、疲れ方にも大きく影響してくる。テント泊装備の軽量化を図って日帰り登山時と変わらないほど装備を軽くしている経験者もいるが、一般的にテント山行では日帰り登山時よりも歩行時間を多めにとったり（日帰り山行時の1・3〜1・4倍など）、1日の行程を短くするなどして、時間に余裕をもたせたプランを立てるようにしたい。雪山登山も同様で、雪のない道を歩くのに比べて雪上を歩くのは時間がかかる。スケジュールは山行スタイルに合わせて組み立てるようにしよう。

また、Eさんは昼食用にラーメンを作っていたが、クッカーで湯を沸かしてラーメンを作り、食べ終わってクッカーを拭いてバーナーなどの用具をザックの中にしまっていると時間がかかってしまう。歩行時間が3〜4時間程度のハイキングであれば昼食作りに時間をかける余裕はあるが、今回のようにロングコースを歩く場合にはおにぎりやパンなど、バーナーを使わずに食べられるものを昼食にしたほうがよかったかもしれない。そのぶん、テント場に着いて手の込んだ夕食を作ればいい。昼食メニューはその日の行程を考えて決めるようにしよう。

Eさんが疲労してしまった理由の一つに、コースの累積標高差が大きかったことも挙げられる。

１日目の登りの累積標高差は約２４００ｍで、これは北アルプスの上高地バスターミナルから横尾・涸沢経由で奥穂高岳へ登ったときの標高差とほぼ同じだ。山のガイドブックにはコースの体力度を歩行時間と累積標高差の2点から決めているものもあるように、宿泊地をどこにするかを決めるとき、コースタイムだけでなく、標高差も考慮に入れるようにしたい。登山口と目的地の標高差を調べるだけでも参考になり、たとえば石尾根コースの起点の奥多摩駅（約３４０ｍ）から雲取山荘（約１８４０ｍ）までの標高差は１５００ｍほど。一方、埼玉側の登山口である三峯神社バス停（約１０５０ｍ）から雲取山荘までは７９０ｍで、石尾根コースより体力的には登りやすいことがわかる。今回の場合、三峯神社から雲取山荘へ登る、あるいは途中の奥多摩小屋のテント場に泊まる計画にしていれば、Ｅさんは時間的・体力的にもう少し余裕をもって目的地に到着でき、傾斜地にテントを張ることもなかっただろう（２０１９年3月の奥多摩小屋の閉鎖に伴ってテント場も閉鎖されている）。

テント山行の経験が少ないうちは、自分がテント装備を背負ってどれくらいの歩行ペースでどれくらいの距離を歩けるのかがつかみづらい。そのため、テント泊山行初心者には定着型のテント場が利用しやすい。定着型とはテント場をベースにして目的のピークを往復するスタイル。例を挙げると、奥秩父西端の瑞牆山荘前から50分ほどで到着できる富士見平がベースキャンプに適したテント場の一つ。ここにテントを張って日本百名山の金峰山や瑞牆山へ足を延ばすことができる。

なお、Eさんの山行記を見たところ、Eさんは普段から登山中に出合う沢で水をくんで飲み水として利用していた。水場として指定されている沢ではないことがほとんどだが、お腹を壊したことはないようだ。Eさんの胃腸の強靭さには驚いたが、いつくんだものかわからない避難小屋の水をがぶがぶと飲んでしまう思い切りのよさにもさらに驚かされた。今後、Eさんが登山中に地獄の苦しみを味わうことがないように祈りたい。

【失敗例に学ぶポイント】

① コースの下調べをしてコース状況に合わせた装備を用意する

② テント泊山行、雪山山行など、山行のスタイルに合わせたスケジュールを組む

③ 昼食のメニューはその日の行程を考えて決める

下調べ不足による失敗④

お目当ての花が咲いていなかった

■カタクリを見るのを楽しみに出かけたが

Fさんはゴールデンウイーク中に奥さんのGさんと一緒にどこかの山へ登ろうと考えた。普段からよく行く丹沢と奥多摩の登山地図を見ていたところ、奥多摩の御前山（ごぜんやま）で4月後半から5月初めにカタクリが咲くと記されていた。ガイドブックで調べたところ、西側の大ブナ尾根から御前山にかけてカタクリが多いことがわかった。そこで奥多摩湖から大ブナ尾根を歩き、惣岳山（そうがくさん）を越えて御前山へ登ることにした。帰路は御前山避難小屋方面へ進み、栃寄（とちより）沢沿いを歩いて境橋バス停へ下る。

山行当日はやや雲の多い天候だったが、ゴールデンウイーク中だけあって、多くの登山者が奥多摩湖バス停に降り立った。小河内（おごうち）ダムの堰堤上を渡って登山道に入ると樹林帯の登りとなる。Fさん夫妻はサス沢山を越え、アップダウンしながらブナやミズナラなどが見られる大ブナ尾根を登っていく。だが、スミレやリンドウの花は咲いているものの、お目当てのカタクリはまったく見られない。惣岳山から御前山へ向かう登山道沿いにもカタクリが多いはずだが、やはり花はない。そのとき、Fさんの後ろを歩いていたGさんが「カタクリ、あった！」と声を上げた。確かに、柵の内側にあるネット内にぽつんと一輪、カタクリが咲いている。きれいな個体だったが、ネットの中なので写真を撮ることはできなかった。

富士山を展望できるポイントを過ぎ、間もなく御前山山頂に到着し、山頂でランチタイム。山頂からは東へ進んだ後、御前山避難小屋の前を通ってトチノキ広場へ。ここから栃寄沢沿いを下って栃寄大滝を見ていこうと思っていたが、木橋の崩落によって沢沿いのコースは通行止めになっていた。仕方なくFさん夫妻は少し遠回りとなる林道を下って境橋バス停へと下山した。

解説

■花の開花時期は年によってずれる

Fさん夫妻が御前山を訪れたとき、カタクリの見頃は過ぎていたが、開花や紅葉の時期は毎年同じとは限らない。そのため、特定の花や紅葉を見ることを目的として山へ行く場合には事前に最新情報をチェックして見頃を逃さずに訪れるようにしたい。紅葉前線は山頂から中腹、登山口周辺と

惣岳山付近に咲いていたカタクリ(2021 年 4 月中旬撮影)。2021 年は 4 月上旬から中旬にかけて多くの花が見られた

標高を下げていくため、紅葉を楽しめる期間は比較的長いが、山に咲く花は最盛期が限られているものが多いので、こまめに開花情報を確認しよう。

シーズン情報はその山を管轄する自治体のほか、観光協会やビジターセンター、山中にある山小屋などのホームページから得るようにする。また、インターネットで目的の山を訪れた最近の山行記録（ヤマケイオンラインやヤマレコ、YAMAPなど）を探してチェックすると、現地の最新状況がわかる。たとえば2021年の御前山のカタクリに関する情報を探すと、奥多摩ビジターセンターのサイトに4月10日の時点ですでに多くの株が咲いていたことが紹介されている。また、4月11日に奥多摩湖から御前山へ登った人の山行記録にも多くのカタクリの写真が掲載され、これほどの数を見たのは初めてだったと記されている。このことから２０２１年はカタクリの開花が例年よりもかなり早いことがわかるので、４月中旬ごろまでに御前山を訪れるほうがカタクリの花を多く見られると予想できた。

今回、栃寄沢コースが通行止めになっていたが、Ｆさんたちはトチノキ広場から林道経由でバス停まで下ることができた。だが、歩く予定にしていたコースが通行止めだった場合、稜線上や山頂まで登り返してほかのコースを下らなければいけないこともある。登り返して疲労したり、下山が遅くなったりすることもあるので、コースの下調べをするときに自治体やビジターセンターなどのサイトで登山道の最新状況を必ず確認しておこう。また、山岳地の道路は大雨などで崩れてしまうことが少なくないので、登山口へ行くバスについても最新の運行情報をチェックしておきたい。

【失敗例に学ぶポイント】

①　開花や紅葉の状況をこまめにチェックして山行日を決める

②　登山道やアクセスの最新情報を確認して山行計画を立てる

準備不足による失敗①

久しぶりの山行で、途中でバテてしまう

■出だしは順調だったが、次第に息切れするように

大阪に住む30代のAさんは大学生のときに山歩きのサークルに所属し、3年生のときにはサークルの幹事長を務めた。大学時代には夏に北アルプスや飯豊(いいで)連峰などを縦走し、雪のある時期に八ヶ岳や大峰の山を訪れたこともあった。社会人になってから高い山へ登る機会は減ったが、金剛山地や六甲山など、関西周辺の山に日帰りで出かけている。今年、大学時代の友人であるBさんと一緒に久しぶりに夏の北アルプスへ行くことになった。その前にトレーニングを兼ねて少し長めのコースを歩こうと相談し、5月下旬に六甲山を縦走することにした。Bさんは月に1〜2度のペースで山歩きをしていたが、今年に入って仕事が忙しかったAさんにとっては4カ月ぶりの登山となった。

今回、2人が選んだのは阪急神戸線の芦屋川駅から芦屋ロックガーデンを経由して東お多福(たふく)山へ登るコース。東お多福山からは蛇谷北山(じゃたにきた)を経て東六甲縦走路に出て、JR・阪急電鉄の宝塚駅まで

歩く。コースタイム6時間半ほどのアップダウンのあるコースだ。

登山当日、久しぶりの山行で準備に手間取ったAさんはバナナや野菜ジュースなどで手早く朝食を済ませて家を出た。Bさんとは朝7時に芦屋川駅で待ち合わせ。天気は快晴で、2人は足どり軽く駅を出発した。住宅街を抜けて登山道に入り、中央稜へと登る。鎖場が現われるが、2人は順調に岩場を越えて高度を上げていった。東お多福山山頂には9時30分に到着。いつもの山行と同様に、コースタイムよりもやや早いペースだ。山頂でひと休みした後、標高840mの蛇谷北山を越え、東六甲縦走路入口から縦走路に入る。日が高くなるにつれて気温が上がり、Aさんは汗びっしょり。笹が茂る樹林帯の道を進んでアップダウンを繰り返していくが、Aさんは次第に息が切れるようになってきた。このままではバテそうだなと思ったAさんはBさんに声をかけ、歩くスピードを落とした。

11時45分ごろ、船坂峠に到着。芦屋川駅からの登りの累積標高差はすでに1200mを超えており、Aさんは疲れを感じていた。峠で昼食をとりながら、この4カ月間、ほとんど運動をしていなかったことを反省する。こんな調子ではとても北アルプスの縦走なんかできない。だが、山のサークルの幹事長を務めた自分がここでリタイアするわけにはいかない。Aさんは気合を入れ直し、再び歩き始めた。

船坂峠からは歩きやすい道になったが、大谷乗越へと急な道を下った後、またじわじわと標高を上げるようになり、Aさんの息づかいは荒くなってくる。そして、ちょっとした登りで息が上がってしまうようになり、4〜5分登っては立ち止まって息を整える状態に。先を歩くBさんは、時々止まってAさんのことを待っていてくれる。標高1000mに満たない低山でバテてしまうとは元幹事長として不甲斐ないと思いながらAさんが歩いていたとき、緩やかな登りで足をずるっと滑らせた。慌てて体勢を立て直そうとしたがリカバリーできず、手をつきながら前に倒れてしまう。ちょっと足を滑らせた程度でも踏ん張りきれないほど疲れている自分が情けなく、Aさんは穴があったら入りたい心境で、しばらく立ち上がれなかった。幸いなことに下が土の斜面だったのでケガはなく、手のひらとパンツの膝の部分が汚れただけだった。あたりを見回したところ、Bさんにも見られていないようだったので、Aさんは急いで汚れをはたき落とし、何事もなかったかのように再び歩き始めた。

岩倉山の南側を抜けると再び急な下りとなり、塩尾寺（えんぺい）に出た。あとは宝塚駅まで所々道路をショートカットしながら下っていけばよく、Aさんはほっとする。塩尾寺からのんびりと下り、ゴールの宝塚駅には15時半に着いた。帰りの電車の中で、北アルプス縦走に向けてしっかり体力づくりをしておかなければと反省したAさんだった。

解説

■日頃の運動不足がバテにつながる

久しぶりの山行でバテてしまうケースは多い。登山中のバテにはさまざまな原因が考えられ、山を歩き続けるために必要な体力（全身持久力）がない、栄養補給不足によるエネルギー切れ、歩行ペースが速すぎることなどが挙げられる。

P32でも紹介したスポーツ庁による体力・運動能力調査の結果の中に「運動・スポーツの実施状況別体力年齢と暦年齢の比較」という項目がある。２０１９年度の20代の結果を見ると、普段運動をしていない場合は20〜24歳で男性82・9％・女性81・8％、25〜29歳で男性74・7％・女性79・9％の人が実際の年齢よりも体力年齢のほうが上回っていた（つまり、その年齢の平均よりも体力がない）。この結果から、若い年齢であっても運動をしていなければ、体力や運動能力が平均よりも下回ってしまう人が多いことがわかる。この山行時、30代だったAさんはいつもの山行どおりのペースで歩いていたが、登りで息切れするようになったので、バテてしまった大きな原因は運動不足によって全身持久力（心肺持久力）が低下していたことにあったと考えられ、登山に備えた体づくりの準備が不足していたといえる。

今回歩いた芦屋川駅から宝塚駅までのコースの距離は約17・6kmで、JR山手線の東京駅〜新宿駅間（品川駅経由の外回りで17・4km）やJR東海道本線の西宮駅〜神戸駅間（17・7km）の距離に近い。そのうえ、累積標高差は登り下りとも1700mを超えている。4カ月間、ほとんど運動をしていなかったAさんがこのようなアップダウンのある長いコースを歩けば途中でバテてしまっても無理はない。歩行時間が4時間を超えたころから疲れがめだってきており、久しぶりの山行だった今回は短めのコースを選んだほうがよかった。

登山中にバテてしまっても目的地までたどり着ければいいが、疲労によって行動できなくなって救助されるケースは多く、2019年に発生した山岳遭難のうち疲労が原因だった遭難は219件に及ぶ。原因別では道迷い、滑落、転倒に次いで4位だったが、疲れから滑落や転倒を起こしたと思われる遭難もあり、バテないことがアクシデントを防ぐことにもなる。

■自分に合ったやり方で体を動かすことが大切

山登りは運動強度が高く、しかも長時間に及ぶ。山行中にバテないためには、普段から体を動かし、アップダウンのあるコースを歩き通せる体力を身につけておきたい。全身持久力を高めるトレーニングとしてはジョギングやサイクリング、水泳が代表的。速足で行なうウォーキングも効果があるとされているので、運動する時間がとりにくい場合には目的の駅に着く手前で電車を降りて目的地まで速足で歩くのもいい。

私は社会人になってから本格的に山登りを始めたが、バテがひどかった山行を3つ挙げるといずれも若いころだ。20代後半から30代前半にかけては仕事が忙しくて帰宅が深夜になることが多かったが、ワースト3のうちの1回は徹夜で車を走らせてそのまま北アルプスの白馬岳へ登ったときのこと。ほかの2回は久しぶりの山行でロングコースを歩いたとき。この2回の山行時はAさんと同じように普段ほとんど運動をしていない状況で山へ出かけ、コース途中で電池切れしてしまった。この経験から、バテないためには年齢に関係なく事前の体づくりや体調管理が大切だと身にしみてわかった。

いま私は50代だが、1日に約5㎞、月間で130㎞程度の距離を走っている。息づかいが荒くならない程度のスピードで走っているが、ランニングコース中には坂が何カ所かあるので、坂の上りでは心拍数を上げることができる。以前はひと月の走行距離がもっと長く、1日に10㎞を走ることもあったが、年齢を重ねるにつれ、連日走っているとふくらはぎの張りを感じるようになり、張りがひどいときにはマッサージを受けていた。だが、私は海外の高峰をめざしているわけではないし、フルマラソンを走ろうと思っているわけでもないので、マッサージを受けてまで走り込みをする必要はない。また、１日に10㎞程度を走るとそれなりに時間がかかってしまうので、50代の私にとってサスティナブル（持続可能）な５㎞という距離に落ち着いた。それぞれが自分の状況と山行スタイルに合わせて無理なく続けられるやり方で体を動かせばいいのではないだろうか。運動することは登山への備えになるだけでなく、メンタルヘルスや生活の質の改善にもつながる。もちろん、５㎞のランニングで体づくりが万全というわけではなく、長く急な登りが続くと疲れを感じることもある。そのときは意識してゆっくり歩き、バテないようにしている。

また、加齢とともに長く急な坂を下っていると脚が疲れたなと感じることが増えてきたが、これは私の脚の筋力や筋持久力が衰えてきたためだろう。そのため、ランニングのほかに太ももなどを鍛えるスクワットも行なっている。スクワットは１日30回から始めて徐々に回数を増やしている。私は写真を撮りながら山を歩いているので普段の山行ではトレッキングポールを携行していないが、標高差が１２００～１３００ｍ以上になる下りのあるコースでは膝や腰への負担を減らすためにポールを使っており、南アルプスのような特に長い下りのあるコースでは機能性タイツも着用する。体をサポートしてくれる用具を活用することがトラブルなく快適に山を歩くことにつながると考えている。

Ａさんのバテの原因として、エネルギー不足も挙げられる。Ａさんは朝食を簡単に済ませてしまったが、山行中にエネルギー切れを起こさないために、登山前の食事は大切。登山前日の食事と当日の朝食ではエネルギー源となる糖質をしっかりとっておきたい。糖質はご飯やパン、麺類などに多く含まれている。また、食べたものがすぐにエネルギーになるわけではないので、登山中もこまめにエネルギーと水分を摂取するようにしよう。

【失敗例に学ぶポイント】

①　普段から体を動かし、登山コースを歩き通せる体力を身につけておく

②　自分のウイークポイントをカバーできるように体づくりを行ない、用具を活用する

③　登山前日の食事と当日の朝食ではエネルギー源となる糖質をしっかり摂取する

準備不足による失敗②

ワンシーズンに何度も捻挫を繰り返す

■難所を前にして足首をひねってしまう

8月下旬、Cさんは北アルプス北部の後立山連峰を訪れた。2泊3日のテント泊山行で、猿倉から入山して白馬三山の鑓ヶ岳や険しい岩稜が続く不帰ノ嶮を越えて唐松岳へと縦走し、八方尾根を下山する予定だ。

1日目は猿倉から1時間10分ほどの所にある白馬尻のテント場に宿泊。2日目、白馬尻を出発し、白馬大雪渓を登って葱平を過ぎる。主稜線上に出るころには霧が立ち込めていたので、白馬岳へ登るのはあきらめて2日目の宿泊地・天狗平へと向かう。鑓ヶ岳を過ぎて天狗平に到着し、テントを張ろうとしたとき、いきなり激しい雨が降り出した。その後、雨はやんで青空が広がったが、再び雨が降り出したのでテント場の先にある天狗山荘内の自炊スペースに避難して夕食を済ませる。

3日目の朝は好天に恵まれた。だが、この日も午後から天候が崩れる予報だったので、Cさんは

Cさんが捻挫した天狗の大下り手前。歩きやすい道なので、油断があったという

雨が降り出す前に難所の天狗の大下りと不帰ノ嶮を越えたいと考え、朝早く天狗平を出発する。天狗ノ頭を過ぎ、剱岳などを眺めながらのびやかな天狗尾根を歩いていたときのことだった。Cさんは石につまずき、右足首を捻挫してしまった。じつはCさんが右足首を捻挫したのはこの夏3回目。1回目の捻挫は7月上旬に北アルプスの蝶ヶ岳と常念岳を訪れたときのことで、前常念岳から三股(みつまた)へ下る途中で足をひねった。そのケガがまだ完治していなかった7月末に訪れた日光白根山でも捻挫し、さらに悪化させた。そして、右足首の状態がかなり回復して臨んだ今回の山行だったが、難所を前にしてまた悪化させてしまった。Cさんはもう大丈夫だろうと油断していた自分がほとほと嫌になった。

Cさんは登山前から右足首にテーピングをしてい

たが、さらに足首用のサポーターを装着し、前半の難所・天狗の大下りの通過に取りかかる。鎖のかかった岩場では右足を岩の上に下ろすたびに鈍い痛みを感じたが、痛みに耐えて進むしかない。最低鞍部の不帰キレットを過ぎ、峻険な岩峰が連なる不帰ノ嶮へ。Cさんは下りだけでなく、登りで足を踏ん張るときにも右足首が痛むようになってくる。そして、不帰二峰北峰の岩場を登り始めたとき、雨が降り始めた。Cさんは3日目に雨が降っていたら不帰ノ嶮へは行かずに天狗平から猿倉へ戻ろうと考えていたが、ここまで来たらもう引き返すことはできない。だが、岩が濡れてかなり滑りやすくなってきた。Cさんの集中力は高まり、右足首の痛みを忘れるほどだった。そして、濃い霧が立ち込める中、不帰ノ嶮を越えて唐松岳の山頂に到着した。唐松岳からは八方尾根をたどる。八方池を過ぎると右足首の痛みがぶり返してきたが、Cさんは八方方面へと下っていった。

解説

■体の状態が万全でないときは無理をしない

捻挫とは関節をひねり、関節を支える靭帯などを痛めてしまうこと。足首の捻挫が完治していない状態で登山などの運動を再開すると、捻挫を繰り返してしまうこともある。私も10年ほど前、登山中に右足首をひねったことがあった。軽い捻挫だと思ったが、3日後には歩いてもほとんど痛みがなかったので、せっかちな私は日課のランニングを再開した。ところが、関節の状態が不安定なまま足首に負荷をかけてしまったため、走っている途中で再び右足首をひねって状態を悪化させてしまった。やむなく整形外科を受診したところ、捻挫がよくなるまでに軽度でも10日程度、中度になると1カ月以上かかると担当した医師に教えられた。3日後に運動を再開したのは明らかに無謀で、結局、それから1カ月以上、ランニングも登山もできなくなってしまった。捻挫を2度繰り返していたCさんも、捻挫が完治してから登山を再開したほうがよかった。

今回の例のように体の状態が万全でなかったり、体調がすぐれないまま山へ行ったりするとアクシデントを起こしやすくなるので、登山前に体のコンディションを整えておきたい。パーティで山へ行く場合、登山前に体調がすぐれなくてもせっかく約束したのだからと無理をしてでも行きたくなるが、途中で体調を悪化させて行動できなくなれば仲間に迷惑をかけてしまうことになる。体の状態や体調に不安がある場合には登山を中止するほうが賢明だ。登山中に悪化しやすいものもあり、虫歯の痛みや痔などがその例だ。歯の痛みは気圧の低下、つまり標高が上がることによって引き起こされるといわれているので、3000m級の山を数日かけて縦走するときなどは事前に虫歯の治療を済ませておきたい。

登山中にケガをした場合は、自分たちで応急処置をしなければならない。山ではすり傷や切り傷を負うことが多いが、出血している場合には傷口を圧迫して止血し、血が止まったら洗浄するといった応急処置の手順を覚えておこう。登山中に捻挫もしやすい。捻挫したときに備えて、ファーストエイドキットと一緒にテーピングテープも携行しよう。足首に貼りやすい形状にカットされた足首専用のテープもある（「ニューハレXテープ」など）。こうした専用テープには貼り方の説明書がついており、テーピングの知識がなくても説明書を見ながら簡単に貼ることができる。

【失敗例に学ぶポイント】

①　登山前に体のコンディションを整えておき、体の状態や体調に不安がある場合には登山を中止する

②　ケガに備えてファーストエイドキットやテーピングテープを用意し、応急処置の仕方を覚えておく

準備不足による失敗③

山行中に登山靴のソールがはがれてしまう

■トラブルによって2日目は1人で山小屋に戻ることに

8月上旬、Dさんは山仲間のE・F・Gの3人と一緒に、1泊2日の日程で石川と岐阜にまたがる白山（はくさん）を訪れた。1日目、別当出合（べっとうであい）をスタートして砂防新道を登り、宿泊する白山室堂（むろどう）へ向かう。甚之助（じんのすけ）避難小屋を過ぎ、黒ボコ岩に着いてひと休みしているとき、FさんがDさんの登山靴を見て「右の靴、ソールがはがれそうだよ」と言った。Dさんが右の靴を見ると、確かにソールがはがれかかっていて、このまま歩いていると完全にはがれてしまいそうだ。黒ボコ岩から白山室堂まではあと40分くらいなので、とりあえず応急処置をして室堂まで行くしかない。仲間では登山歴がいちばん長いEさんが細引き（細いロープ）を持っていて、細引きでソールを靴に結びつけてくれた。「山小屋に着いたらガムテープを借りて靴に巻いたほうがいいよ」とEさん。Dさんは細引きがずれないように気を使いながら歩き、仲間と一緒に白山室堂へ。小屋でガムテープを借りることができたので、Dさんはテープでソールを靴に固定したが、明日は靴の様子を見ながら歩くしかない。

部屋に入って荷物の整理をしていたとき、Gさんが「あれ、ヘッドランプが点灯しない。前回はついたのに」と言う。電池が切れているようだったが、Gさんは予備の電池を持ってこなかったとのこと。前回はいつのことだったのかとEさんが尋ねると、1年くらい前だったと話す。「電池は使っていなくても消耗していくから」とEさんが言うと、「そうそう。長い間、使わないときは電池を外しておいたほうがいいんだよ」とFさんも同調する。結局、Gさんは Eさんの予備電池を借りた。

2日目は朝食後に山小屋を出発。正面にそびえる白山最高峰・御前峰(ごぜんがみね)の山頂へ向かい、7時半ごろに山頂に到着した。好天に恵まれて山頂からは北アルプスや能登半島などの大パノラマが楽しめた。山頂からは山頂部に点在する翠(みどり)ヶ池や千蛇(せんじゃ)ヶ池などの池をめぐって室堂に戻る予定だったが、Dさんが右の登山靴を見ると巻いたガムテープがはがれかかっていた。池めぐりの途中でガムテープが切れたら困るので、Dさんは山頂から

右の登山靴のソールをテープで固定したDさん。固定にはテーピングテープを使ってもいい

室堂に戻って3人が池めぐりから帰ってくるのを待つことにした。残念だが、自分の準備不足によってこうなってしまったので仕方がない。

Dさんは1人で室堂に下り、再びガムテープを借りて靴を補修した後、室堂平にある自然観察路を散策して時間を過ごす。その後、3人と合流し、観光新道をたどって別当出合へ下山した。

解説

■山行前に登山用具の点検をしておく

登山靴のソールが完全にはがれてしまった場合、山行を中止して下山しなければならない。そのような事態にならないように、山行前に靴を点検してソールがすり減っていないか、靴ひもなどに傷んでいる箇所がないかを見ておこう。傷みの程度によっては修理が必要になることもあるので、靴の点検は登山直前ではなく、早めに行なっておきたい。登山靴だけでなく、主な装備については山行前に傷みや不具合がないかをチェックしておこう。たとえば、ザックのベルトやストラップが切れかかっていないか、ヘッドランプが点灯するか、トレッキングポールの長さ調節がスムーズにできるか、バーナーが点火するかなどだ。テントは生地が破れていないか、ポールのショックコード（ゴムひも）が切れていないかを点検しよう。

登山用具は保管の仕方も大事で、たとえば登山靴を直射日光の当たる場所や湿気の多い所で保管していると劣化を早めてしまう。靴やトレッキングポールなどの装備を高温になる車のトランクに入れっぱなしにしたり、日の当たるベランダに置いたりするのはやめよう。靴を購入時に入っていた箱やポリ袋に入れておくのも湿気がこもるので避けたい。雨具は収納袋に入れたままにしておくと折り目にしわがついて生地を傷めてしまうので、ハンガーに吊るして保管しよう。また、乾電池を使用しているヘッドランプや携帯用ラジオを長期間使用しない場合には中の電池を外しておくといい。

【失敗例に学ぶポイント】

①　山行前に主な用具に傷みや不具合がないかをチェックしておく

②　用具を長持ちさせるような保管方法を行なう

準備不足による失敗④

車に必携装備を積み忘れる

■車のトランクを開けて忘れ物に気づく

11月上旬、Hさん（男性）は友人のIさん（男性）、Jさん（女性）と一緒に鈴鹿の竜ヶ岳へ行くことになった。宇賀渓（うがけい）駐車場から遠足尾根を登って竜ヶ岳に登頂し、帰路は金山（かなやま）尾根を下って駐車場に戻る計画で、コースタイムは6時間ほど。昼食には鍋料理を作ることにし、Hさんが炊事用具や食材を用意した。

山行当日、Hさんは早朝にマイカーで自宅を出発。途中でIさんとJさんをピックアップし、宇賀渓駐車場に向かった。7時半ごろに駐車場に着き、歩き出す準備を始める。Hさんは車のトランクを開けて靴ケースから登山靴を取り出そうとしたところ、ケースに靴が入っていなかった。マイカーで山へ行く場合、Hさんは登山靴をいつも前日に玄関に出しておき、これまで積み忘れたことはない。今朝、出かける前に確認したとき、玄関に登山靴はなかったから積んだはずなのにと思いながら、Hさんは昨日のことを振り返った。靴箱から登山靴を出したとき、少し土がついていたので雑巾で汚れを落とした。そして、しばらく乾かしておこうと思ってベランダに靴を置いたことを思い出す。しまった、登山靴をベランダに置きっぱなしにしてきてしまった。自宅からスリッポン（靴ひもや留め具がないタイプのシューズ）を履いて運転してきたが、この靴ではとても山登りはできない。Hさんは目の前でがらがらとシャッターが閉まったように感じた。

仕方ない、IさんとJさんが竜ヶ岳へ登っている間、宇賀渓の滝めぐりでもして時間をつぶしていよう。Hさんはそう思って2人に靴を忘れたことを話した。するとIさんが近くのキャンプ場や店で借りられる靴がないか聞いてみようという。だが、そんな簡単にHさんの足に合う靴が見つかるとは思えない。1人で探しにいくので先に登るようにとHさんは頼んだが、2人は靴探しにつきあってくれるという。「Hが一緒に登ってくれないと困るから。鍋が食べられなくなるんで」とIさんが言うと、「そうそう、お昼を行動食で済ませるのは寂しいしね」とJさん。理由はそれかよとHさんは思ったが、2人のためにも早く靴を見つけなければならない。

3人は手分けして近くのキャンプ場や民宿、商店で靴のことを聞いてみることにし、Hさんはまずキャンプ場に向かう。キャンプ場には登山靴が何足かあったが、Hさんの足に合うものはなかった。Hさんが駐車場方面へ向かっているとき、Iさんから電話が入った。近くの店でHさんの足に合いそうなサイズの靴があり、貸してもらえるというので、Hさんは急いでその店へ行った。

店で登山靴を借りて駐車場に戻ると、時刻は8時半になっていた。予定より出発が遅くなったので、歩行時間を短縮するために急傾斜の金山尾根を登りに利用することになったが、登山靴探しにつきあってくれた2人のおかげでHさんは竜ヶ岳に登ることができた。

解説

■登山時にどんなものを忘れやすいか

忘れ物をしたとき、用具によっては山行を中止しなければいけないことがある。忘れ物をしないための対策としてよく行なわれているのが装備チェックリストを作ること。山行スタイルによって必要な装備が違ってくるので、日帰りハイキング、テント泊山行、雪山山行など、自分の山行スタイルに合わせて装備リストを作っておこう。登山時に忘れやすいものを挙げると、お箸などのカトラリー、ライター（もしくはマッチ）、グローブ（手の保護用）、モバイルバッテリー用の充電ケーブルなどだ。またテントポールやペグなど、パーツの多いテント関連の装備も忘れやすい。昼食にラーメンを作る登山者は多いが、お箸を忘れたとき、落ちている小枝を2本拾って箸代わりにする

車を離れる前には忘れ物やライトの消し忘れがないかを確認しよう

人が多いだろう。以前、お箸を忘れてアーミーナイフ（ツールナイフ）でラーメンを作っている人を山頂で見かけたことがあるが、ナイフ1本ではラーメンがうまくほぐれないし、麺をぶつ切りにしてしまう可能性もある。私が山頂を出発するとき、その人は冷ましたクッカーを手に持ってラーメンをスープと一緒に一気に飲み込もうとしていた。それではラーメンを顔にぶちまけてしまうのではないかと心配になったが、その人が食べる様子を最後まで見届けることはできなかった。

マイカー登山の場合は自宅に必要な装備を置き忘れてしまうことがある。車に積み忘れやすいのはザックの中に入れていない装備で、たとえば帽子やトレッキングポール、登山靴など。今回の例のように、登山口近くで登山靴を借りられることはあまりないと思うので、必携装備の靴は積み忘れないようにしたい。

また、車で登山口に向かう途中で見たり、使ったりするものを、登山口に着いて車に残したまま出発してしまうことがある。例を挙げると地図やティッシュペーパー、サングラス、ウエットティッシュなどで、途中のコンビニエンスストアなどで購入したペットボトルの飲料や行動食用のお菓子なども忘れがちだ。それから、登山口に着いて準備するときにつけた車の室内灯を消し忘れて出発し、宿泊を伴う山行時に車のバッテリーが上がってしまうケースがある。自宅から車で出発するときや車から離れるときは、忘れていることがないかを必ず確認するようにしよう。

【失敗例に学ぶポイント】

① 山行スタイルに合わせて装備チェックリストを作っておく

② 自宅から車で出るときや駐車場から出発するときは、忘れ物がないかを確認する

第2章

山選びから出発までの流れ

登る山を選び、アクセス方法を決め、必要な装備を用意する。第2章では、第1章で紹介した計画と準備のポイントを踏まえながら、失敗につながらないような計画の立て方と準備の進め方を考えてみよう。今回は「花の山へ日帰り登山する」「山小屋利用で仲間と初めて夏の北アルプスへ」「1人で初めてのテント泊山行へ」という3つのテーマに分けて流れを紹介し、解説文の後に参考となるポイントを掲載した1章のページを記載する。天候がよさそうだから、紅葉シーズンだから、友人に誘われたからなど、山へ行こうと思うきっかけはさまざまで、思いがけず休みがとれて急きょ山へ出かけようと準備することもあるが、ここでは基本的な流れを追っていこう。

本編に入る前に、第1章で学んだポイントの中で重要なものを振り返ってみよう。

登山計画の立て方のポイント

・自分たちの登山レベル（体力度・技術度）に合ったコースを選ぶ
・パーティの中でいちばん体力のない人、経験の浅い人に合わせてコースを選ぶ
・登山コースのレベルを上げるときは体力度、技術度のどちらかをワンステップずつ上げる
・季節や標高、コースの地形的な特徴など、総合的に考えて行く山を決める
・通過時刻のタイムリミットを考えておき、タイムリミットを過ぎたときに利用するエスケープルートを調べておく

・登山道やアクセスの最新情報を確認して登山コースを選ぶ
・天候や開花状況、紅葉状況をこまめにチェックして山行日を決める

●スケジュールの組み方のポイント

・出発地を早発ちして目的地に早く着けるようなスケジュールにする
・自分の歩行ペースを把握し、ペースに合ったスケジュールを組む
・ハイシーズンには混雑状況をチェックし、早めに行動したり、時間に余裕をもたせた計画を立てる
・テント泊山行、雪山山行など、山行のスタイルに合わせたスケジュールを組む

●準備段階でのポイント

・歩く予定の登山道の下調べをしてコース状況や注意ポイントを把握し、コースに合わせた装備を用意する
・登山の起点となる駅やバス停から登山口までの道のりと、下山地のバス停の位置を調べておく
・悪天候のときには無理に行動せずに登山を中止する。また、悪天に備えて予備日や代替日を設けておく
・アクセスに利用する交通機関は時刻だけでなく、運行時期や運行日も確認する
・シーズンごとの気象の特徴や傾向を把握しておく

・パーティ登山では各自が歩くコース情報を把握し、危険箇所などのコース情報を共有する
・山行前に登山計画書を作成し、必要な機関に提出しておく
・普段から体を動かして登山コースを歩き通せる体力を身につけておき、登山に向けて体のコンディションを整えておく
・日帰りで短いコースを歩くときでも必携装備を用意する
・山行スタイルに合わせて装備チェックリストを作っておき、登山前には主な用具に破損した箇所や不具合がないかを点検しておく

1 ― 花の山へ日帰り登山する

1 計画の概要を考える

いつごろ、どんな目的で、どの山へ、誰と、どのような日程で行くのかを考えることが計画の第

一歩。たとえば、春にカタクリの花を見るために大阪周辺の山へ１人で日帰り登山する、10月の紅葉シーズンに奥秩父の山へ友人と一緒に１泊２日（テント泊）で行くというように、まず山行のあらましを考えることから計画がスタートする。花の開花時期や紅葉の見頃の時期を逃さないためには、シーズン直前ではなく早めに山行プランを考え、最新情報をこまめに確認しながら日程を決めるようにしたい。

ここでは神奈川の川崎に住むＡさんが登山計画を立てる設定で流れを紹介する。Ａさんは３年前に奥さんのＢさんと一緒に山歩きを始め、高尾山稜や中央本線沿線の山を中心に登っている。今回、Ａさんは４月中旬から５月上旬ごろにツツジを見るために２人で日帰り登山をしたいと考え（公共交通機関を利用）、３月の終わりに計画を立て始めた。

なお、登山経験を重ねていくと、いつか登ってみたいと思う山が増えてくる。たとえば、スミレが多く見られる時期の高尾山、ブナの新緑が美しい５月の和泉葛城山、高山植物が豊富な夏の北アルプス・白馬岳、湿原が草紅葉に染まるころの尾瀬ヶ原と至仏山、霧氷が見られる時期の台高山脈・高見山というように、この時期にこの山へ登りたいという「行きたい山リスト」を作っておくと、登る山をスムーズに決めることができる。

2 候補となる山を探す

計画の概要に合う山をガイドブックやインターネットの情報を見ながら探す。今回、ガイドブックを参考にする場合は、関東周辺の登山コースが多く載っているものが適している。川崎から日帰りで行けるエリアで4月から5月上旬ごろにツツジが見られる山を探すと、栃木・鹿沼市の石裂山、日光の鳴虫山、山梨・上野原市の坪山、丹沢の檜洞丸などがあった。アクセスに新幹線を利用すれば群馬の赤城山へも日帰りで行くことができるとAさんは思ったが、赤城山に多いレンゲツツジの花期は5月下旬〜6月下旬ごろだったので、今回は候補から外した。

3 訪れるコースの条件を考え、行く山を決める

候補が出そろったらそれぞれの山の概要を調べ、どの山に登るかを決める。コース選びにあたって、Aさんはツツジが見られること以外の条件を考えてみた。第1章で紹介したように、コースを選ぶときの重要なポイントは自分が備える実力（体力度・技術度）に合ったグレードのコースを選択すること。Aさん夫妻がこれまでに最も長い距離を歩いたのはケーブルカーの高尾山駅を起点にして高尾山から陣馬山まで縦走したとき。歩行距離は約15・5㎞、累積標高差は登り約1110m、下り約1250mで、2人は途中でバテることなく、ほぼコースタイムどおりの6時間で歩き通し

た。今回のコースの体力度はそのレベル以下（コースタイム6時間以内、累積標高差１２００ｍ以内）にしたいと考える。また、2人はこれまで長い岩場などの難所を通過した経験がないので、難所が少ないこともコースの条件に加えた。

鹿沼の石裂山（８８０ｍ）について調べたところ、アカヤシオなどいろいろな種類のツツジが見られるが、上部は鎖場やハシゴが連続する険しい山であることがわかった。鹿沼市観光協会のホームページでは登山時にヘルメットを着用することをすすめており、Aさんは自分たちの技術レベルで石裂山に登れるのか不安を感じた。

日光の鳴虫山（１１０４ｍ）は日光市街地の南に位置し、日光駅から歩いて登山口まで行くことができる。鳴虫山から北西の合峰（がっぽう）方面へ周回することができ、周回コースのコースタイムは4時間10分ほど。累積標高差は登り約７４０ｍ、下り約６７０ｍで、体力的には歩きやすいコースだ。

上野原の坪山（１１０３ｍ）にはヒカゲツツジが群生しており、4月中旬から下旬ごろが見頃になる。北側の飯尾（いいお）方面から坪山に登って東側の郷原へ下った場合の歩行時間は4時間ほど。上部は急傾斜の岩の道になるが、足場はしっかりしていて登るのに苦戦するほどの道ではなさそうだ。

丹沢の檜洞丸（１６０１ｍ）の周辺では西側のツツジ新道にシロヤシオが多い。西丹沢ビジターセンターからツツジ新道を経由して檜洞丸を往復した場合のコースタイムは約6時間で、累積標高差は登り・下りとも約１２９０ｍ。Ａさんたちが花を楽しみながら歩くにはやや厳しいコースだった。

４山について調べたＡさんは鳴虫山か坪山のどちらかにしようと思った。Ｂさんにどちらがいいか聞いたところ、まだ行ったことのない日光の山へ登ってみたいとの返事だったので、今回は鳴虫山へ登ることにした。（参考ポイント＝P18①）

4 歩くコースを決める

鳴虫山へ行くことが決まったら歩くコースを選ぶ。ガイドブックでモデルコースとして紹介されていたのはＪＲ日光線日光駅もしくは東武鉄道東武日光線東武日光駅から歩き始める周回コース。鳴虫山登山口から神ノ主(こうのす)山を経て鳴虫山に登り、北西へ進んで合峰、独標(どっぴょう)を経て憾満(かんまん)ヶ淵方面へ下山して総合会館前バス停に出る。鳴虫山登山口から鳴虫山を往復することも考えられるが、周回してもコースタイムは４時間10分なので、Ａさんは周回コースを歩くことにする。

5 アクセス方法を決める

次に、アクセス方法を考える。電車での日光へのアクセスはＪＲ利用と東武鉄道利用の２つの方法がある。ＪＲの場合、東京駅から東北新幹線を利用して宇都宮駅まで行き、ＪＲ日光線に乗り換えて日光駅へ行くのが時間的に早い。一方、東武鉄道の場合、特急列車を利用すれば浅草駅から東武日光駅まで乗り換えなしでアクセスできる。料金もＪＲより安かったので、Ａさんは東武鉄道で行くことにする。特急列車の時刻表を調べると東武日光駅に8時台に到着する列車もあり、登山時に利用できそうだ。

ゴールとなる総合会館前バス停から東武日光駅へ行くバスの便は多く、週末の14〜16時台には6〜9本程度あった。また、東武日光駅から浅草駅へ行く特急列車は18時台まであり、帰路も特急に乗って東京に戻れそうだ。

6 山行の予定日を決める

山行の日程を決めるにあたってＡさんが気象庁の1カ月予報を見たところ、東日本の4月終わりごろの天気は数日の周期で変わるとのことで、現時点で天気を判断するのは難しかった。ガイドブックを見ると鳴虫山では4月下旬から5月上旬ごろにアカヤシオが見頃になると記されている。そのほかにもシロヤシオ、トウゴクミツバツツジ、ヤマツツジが咲き、5月いっぱいはツツジが楽しめるようだ。インターネットで春に鳴虫山を訪れた山行記録を見ると、昨年は4月終わりごろにアカヤシオが多く咲いていたが、その前の年は花期が早く、4月15日ごろには見頃を迎えていた。とはいえ、平均的な開花期に合わせて4月下旬に山行日を設定しておくほうがよさそうだ。

ゴールデンウイーク中は行き帰りの電車も含めて混雑しそうなので、Aさんはゴールデンウイーク前の週末、4月24日の土曜を山行予定日にし、その日の天候が悪かったときに備えて25日の日曜を代替日に設定した。ただし、年によって花期にずれがあることがわかったので、開花情報を随時確認して、場合によっては山行日を変更することにする。（参考ポイント＝P116①）

7 コースの流れを知る

準備段階での大切な作業の一つが歩くコースの下調べをすること。Aさんはガイドブックと地図を見ながら歩くコースを追ってみる。ガイドブックの地図を見たところ、日光駅をスタートして国道119号に出たら右へ進み、消防署の角を左折して登山口へ向かっていた。だが、最新の地図を見ると消防署の場所は変わっており、現在は国道から左折する地点にわかりやすい建物がなかった。Aさんはグーグルマップのストリートビューを見ながら登山口の入口にあたる志渡淵(しどぶち)川の橋へどのように行くのがいいかを調べ、東武日光駅から国道に出たらそのまま国道を横断して郵便局の左側の道をまっすぐ進み、志渡淵川沿いに出てから橋へ行くことにする。

鳴虫山登山口への入口となる志渡淵川にかかる橋

実際に鳴虫山登山口周辺の道路は入り組んでいて、ＧＰＳを見ながら歩いていても迷っている登山者が見られる。鳴虫山のある日光エリアのほか、箱根や六甲山のような市街地に隣接する山域の場合、登山口周辺に道路が縦横に延びていて、最寄りの駅やバス停から登山口までのルートがわかりにくいことがある。また、ガイドブックなどの地図に掲載されている建物がほかの施設に変わっていることもある。事前に地形図や最新の地図を見て曲がるポイントなどを確認しておくと、山行当日にスムーズに登山口へ行くことができる。

Aさんが見たガイドブックには、鳴虫山の登山道は主に樹林の中に続いていて、アカヤシオは神ノ主山から鳴虫山にかけて多いと記されていた。コース中に岩場などの難所はないが、鳴虫山や合峰からは急傾斜の下りになるようだ。独標から下って日光宇都宮道路の高架の下を抜けると散策路に入り、やがて車道に出る。ガイドブックではここからバスの本数が多い総合会館前バス停に出るコースを紹介している。大谷川（だいや）を渡って車道を右に進み、日光総合会館の左側を通って国道１２０号に出ると右手に総合会館前バス停がある。

周回コース中にはエスケープルートとして利用できるコースはなかった。鳴虫山から登山口まで戻った場合のコースタイムは1時間半なので、Aさんは途中でバテたりして鳴虫山山頂に13時半までに到着できなかった場合には往路を引き返して登山口まで戻ることにした。（参考ポイント＝Ｐ

59②、P67②、P99①）

8 山行当日のスケジュールを組む

山行日が決まったら、何時の電車に乗って何時に歩き出すかというスケジュールを組む。普段の山行時、Aさん夫婦はガイドブックのコースタイムとほぼ同じペースで歩いている。今回のコースには通過に苦戦しそうな難所はないので歩行時間はコースタイム（4時間10分）どおりとし、昼食を含めた休憩時間を50分と考えた。また、ツツジの写真を撮影したり、下山途中にある景勝地の憾満ヶ淵などを見たりする時間を30分ほど考え、行動時間を5時間半と想定し、15時にゴールの総合会館前バス停に下山できるように日光駅を9時半までに出発することにした。下山時刻が遅くならないようにするためには、このように下山時刻から逆算して出発時刻を決めるといい。

アクセスに利用する東武鉄道の特急列車の時刻表を見て、Aさんは浅草駅7時発、東武日光駅8時56分着の特急に乗る予定にする。浅草駅7時発の電車に乗れるように、自宅の最寄り駅5時35分発の電車に乗る。東武日光駅を9時に出発して神ノ主山に10時ごろ、鳴虫山に11時20分ごろ到着。昼食は鳴虫山山頂で食べて12時前に山頂を出発し、憾満ヶ淵に13時45分ごろ、総合会館前バス停に14時半ごろに下山する予定にした。総合会館前バス停から東武日光駅までの所要時間は6分なので、

この予定であれば15時前には駅に到着できそうだ。（参考ポイント＝P83①）

9 交通機関の予約をする

東武鉄道のホームページで特急列車の空席照会ができるので、Aさんは4月24日と25日の浅草駅7時発特急の状況を調べたところ、2日とも席はほとんど空いていた。直近の週末の7時発特急にもまだ空席がある状況だったので、Aさんはもう少し山行日が近づいてから予約を入れることにする。天候によっては山行日を変更することがあるので、天気予報の確度が高まってから予約したいところだが、残席がわずかな場合には予約を入れてしまったほうがいいだろう。

帰りに東武日光駅から利用する特急列車について調べたところ、駅への到着が予想される14〜16時の間に5〜6本程度の列車があった。そのため、帰りは駅に着いたときに空席がある特急に乗ることにする。

10 行動予定を登山計画書にまとめる

スケジュールが固まったら行動予定を記した登山計画書を作成しよう。計画書には乗車予定の特急の時刻、山頂到着予定時刻や下山予定時刻なども記しておこう。下山後に乗車する長距離バスや特急列車を予約している場合には便を変更するときに備えてバス会社や鉄道会社の連絡先、下山してから乗車する路線バスの便が少ない場合には地元のタクシー会社の連絡先というように、状況に応じて交通機関の電話番号なども計画書に記入しておくといい。登山計画書ができたら印刷し、山行当日に持っていけるように準備しておく。また、計画書は家族もしくは会社の仲間にも渡しておこう。Ａさんには東京に住む山好きの兄がいるので、今回は兄に計画書をメールしておいた。

鳴虫山のある栃木県では電子申請システムを利用してパソコンから自分の計画書を送ることができる。また、所定の登山計画書フォームに入力して送信することも可能だ。所定のフォームは、パーティのメンバーの氏名・年齢・性別・携帯電話番号のほか、登山開始予定日時、登山ルート、食料・非常食・飲料の１人あたりの量（何日分か）、携行装備品などを入力する形式になっている。

（参考ポイント＝Ｐ45②）

11 必要な装備を用意し、山行当日の食事メニューを考える

山行に向けて用具の準備を進めていく。Ａさんは普段の日帰り登山の装備に加えて鳴虫山登山時にどんなものを用意するといいかを考えた。鳴虫山のある日光は、Ａさん夫妻がよく行く高尾山（５９９ｍ）のある八王子市よりも平均気温が低い。鳴虫山の標高も１１０４ｍあるので、防寒用

として長袖シャツを携行することにした。普段、Aさんはトレッキングポールをあまり使わないが、今回のコース中には何カ所か急な下りがあるので、ポールも準備する。また、日光市観光協会のホームページを見たところ、憾満ヶ淵周辺の散策路などで6〜10月にヤマビルが発生すると記されていた。ヒルは4月から活動しているとのことなので、念のためヒルよけスプレーを持っていくことにする。

また、登山靴などの主要な用具に傷んだ箇所や不具合がないかもチェックしておこう。登山靴はソールがすり減ったり、はがれかかったりしていないかなどを点検しておく。トレッキングポールは伸ばしたときにその長さでロックする(固定する)ことができるかをチェックしよう。

Aさん夫妻は山で昼食にパスタやラーメンを作ることが多いが、今回は電車での移動距離が長いので装備を減らすことにし、バーナーやクッカーなどを必要としないメニューで済ませることにする。Aさんは鳴虫山へ行く途中で昼食用におにぎりなどを買おうとBさんに話したところ、Bさんがお弁当を作ってくれることになった。(参考ポイント=P112①、P133①)

12 ツツジの開花状況や天気予報をチェックし、山行に備える

山に咲くツツジやカタクリなどの開花時期は年によってずれがあり、最盛期が前年と半月以上違

うこともある。そのため、例年の開花時期前から状況を確認しておこう。Aさんは4月上旬から日光市観光協会のホームページやフェイスブック、ヤマケイオンライン、ヤマレコなどの直近の山行記録を見ながらツツジの開花状況をチェックし始めた。4月18日の日曜に訪れた登山者の山行記録を見ると、アカヤシオがだいぶ咲き始めていて1週間から10日後くらいにピークを迎えそうだと記されていた。24日ごろはちょうどアカヤシオの見頃になりそうだ。24日にするか、代替日の25日にするかは天気次第だ。

Aさんが19日の月曜に気象庁の週間天気予報を見たところ、今週はだいたい晴れの日が多く、24日は晴れ時々曇りの予報だったが、まだ確度は低かった。乗車予定である特急列車の空席状況を確認するとまだ十分に空席があったので、最終決定はもう少し先にすることにした。

4月21日水曜の天気予報でも24日は晴れ時々曇りの予報は変わらず、予報の確度は高くなった。気象庁以外の予報でも24日は好天になっていたので、Aさんは24日に行くことを決め、特急列車の予約を入れた。天気予報は山行前日になっても変わらなかった。

なお、登山中にエネルギー不足にならないように、山行前日の食事ではエネルギー源となる糖質を多く含んだご飯やパン、麺類などの主食を食べておきたい。また、忘れ物がないかを確認してから出発しよう。（参考ポイント＝P116①、P124③）

2 ― 山小屋利用で仲間と初めて夏の北アルプスへ

1 計画の概要を考える

ここでは名古屋に住むCさん（男性）が山行計画を立てる設定にする。Cさんは友人のDさん（男性）・Eさん（女性）と一緒に4年前に山登りを始め、主に鈴鹿や奥三河の山へ登っている。昨年の夏は3人で七合目の山小屋に1泊して富士宮ルートから富士山に登った。そして、今年の夏は初めて北アルプスへ行こうと3人で相談し、山小屋を利用して2泊3日程度の日程でコース選びをすることになった。3人はこれまで急峻な岩場などを通過した経験がないので、今回は難所の少ない縦走コースを歩くことにする。

2 候補となる山を探す

6月中旬になり、Cさんは北アルプスのガイドブックやインターネットの情報を見ながら初級〜

中級レベルの山を探し、北部では白馬岳や唐松岳、南部では双六岳や燕岳、常念岳、蝶ヶ岳などを第一候補にした。さらに調べると唐松岳へは八方池山荘から八方尾根を往復するコース、燕岳へは中房・燕岳登山口から合戦尾根を往復するコースを歩くのが一般的で、行程はどちらも1泊2日だった。そのため、今回は白馬岳、双六岳、常念岳、蝶ヶ岳の4山に絞って山行プランを考えることにした。

3 訪れるコースの条件を考え、行く山を決める

どの山へ行くのかを検討するにあたって、Cさんは歩くコースの条件を考えた。Cさんたちがこれまでで最も長時間歩いたのは富士山に登ったとき。2日目は最高点の剣ヶ峰まで足を延ばし、コースタイム7時間30分の道のりを歩いたが、五合目へ下山したとき、Eさんは疲れ気味だった。Cさんたちがよく行く鈴鹿のコースは歩行時間が長いときでも6時間から6時間半、累積標高差は1000〜1200m程度。そこで、今回は1日の歩行時間を6時間半まで、登りの累積標高差は1200m前後を目安にすることにした。

花の名山として人気が高い白馬岳（2932m）の代表的な登山口は猿倉（約1240m）と栂池自然園（約1830m）で、この2つの登山口をつなぐコースがよく歩かれている。猿倉から白

馬岳南方の白馬山荘をめざした場合、登りの累積標高差は約１６７０ｍになる。１日目に白馬尻に泊まれば標高差は約１３００ｍになるが、標高の高い栂池自然園側から登るほうが体力的には歩きやすい。その場合は白馬岳から白馬大雪渓を下って猿倉へ下山することになる。Ｃさんは以前から大雪渓を歩いてみたいと思っていたが、３人は雪上を歩いた経験がほとんどない。そのため、大雪渓を下りに使うことに少し不安を感じた。

花の百名山の一峰である双六岳（２８６０ｍ）へは新穂高温泉から往復するのが一般的。コース中には鏡池をはじめとする展望ポイントが多く、危険箇所がないのも魅力だ。できれば往復コースではなく、笠ヶ岳に足を延ばして新穂高温泉に戻りたいとＣさんは考えたが、その場合は１日目が双六小屋泊、２日目が笠ヶ岳山荘泊となり、２日ともコースタイムが７時間を超えてしまう。

常念岳（２８５７ｍ）と蝶ヶ岳（２６７７ｍ）は槍・穂高連峰の展望台として知られる常念山脈に位置し、２座を結んで歩くことができる。コース中に難所がないため、北アルプスが初めてのＣさんたちには適している。常念岳は一ノ沢登山口、蝶ヶ岳は三股（みつまた）がメインの登山口になり、蝶ヶ岳から横尾や徳沢へ下ることもできる。

候補の山について調べた結果、Ｃさんは白馬岳と双六岳へ行くのは来年以降にして、今回は常念岳と蝶ヶ岳にしたいと思った。そのことをＬＩＮＥでＤさんとＥさんに伝えると、２人とも賛成し

てくれた。（参考ポイント＝P18①）

4 歩くコースと宿泊する山小屋を決める

常念岳と蝶ヶ岳へ行くことが決まったら、歩くコースを選ぶ。一ノ沢登山口（約１３２０ｍ）と三股（約１２８０ｍ）の標高には大きな差はないので、どちらから登っても体力度には差がなさそうだ。コースタイムと累積標高差を調べてみると、一ノ沢登山口から常念小屋まではコースタイム4時間40分、登りの累積標高差約１２７０ｍ、三股から蝶ヶ岳ヒュッテまではコースタイム5時間5分、標高差約１５００ｍ。標高差の点から、Ｃさんは一ノ沢登山口から常念岳へ登り、蝶ヶ岳へ縦走することに決めた。

蝶ヶ岳からは蝶ヶ岳新道を三股へ下るのが一般的だが、北側の横尾分岐から横尾へ下る道もある。地形図を見るとこのコースはかなり急な道が続いていて、Ｃさんはこの道を利用するのは避けることにする。蝶ヶ岳から徳沢へ下る長塀（ながかべ）尾根も下部は急傾斜になっていたが、横尾へ下る道ほど急ではなかった。徳沢へ行けば上高地に下山でき、河童橋などの人気スポットに寄ることができる。蝶ヶ岳から上高地バスターミナルまでのコースタイムは5時間10分だが、下りの累積標高差は約１５４０ｍとやや大きい。Ｃさんは下山地を三股と上高地のどちらにするのがいいかをＬＩＮＥで２人

常念乗越に立つ常念小屋。奥に迫力ある槍・穂高連峰が見える

に尋ねたところ、Eさんから上高地がいいという返信があった。続いてDさんからも下りであれば標高差が1500mあっても大丈夫だろうという返信が届く。Cさんは上高地へ下山することにし、コースは一ノ沢登山口～常念岳～蝶ヶ岳～長塀尾根～徳沢～上高地に決まった。

次に、どの山小屋に宿泊するのかを考える。同じコースでもどの山小屋に泊まり、何泊するかで体力度は違ってくる。たとえば、今回の候補に挙がった新穂高温泉から小池新道を経由して双六岳を往復するプランを考えてみよう（双六岳からは中道経由で双六小屋に戻る）。新穂高温泉を早発ちすれば双六小屋泊の1泊2日で歩くことができ、その場合のコースタイムは1日目7時間5分、2日目7時間40分。一方、1日目鏡平（かがみだいら）山荘泊、2日目双六小屋泊の2泊3日の行程にしたときのコースタイムは1日目5時間5分、2日目4時間25分、3日目5時間15分で、1泊2日の行程よりも体力的にはかなり歩きやすくなる。このほか、1日目に新穂高温泉から1時間20分ほど歩いた場所にあるわさび平小屋に泊まり、2日目を双六小屋泊にする2泊3日のプランも考えられる。宿泊する山小屋と泊数は自分たちの体力度や登山口を出発する時間によって決めるようにしよう。

今回、Cさんは1日目を常念小屋泊、2日目を徳沢泊まりにしようと思った。だが、その場合のコースタイムは1日目4時間40分、2日目8時間40分、3日目1時間55分で、2日目のコースタイムがCさんの設定した条件よりも長くなってしまった。そのため、2日目は蝶ヶ岳ヒュッテに泊ま

ることにする。この場合のコースタイムは2日目5時間25分、3日目5時間10分になる。（参考ポイント＝P83②）

5 アクセス方法を決める

コースが決まったらアクセス方法を考える。当初はCさんのマイカーで行くことも考えていたが、一ノ沢登山口から上高地への縦走になるので、公共交通機関を利用することにする。名古屋駅から電車利用でアクセスする場合はJRの特急列車しなので松本駅へ行き、大糸線に乗り換えて穂高駅に行くのが時間的に早い。穂高駅からはタクシーで一ノ沢登山口へ行く。ただし、始発の名古屋駅7時発のしなのに乗っても登山口への到着は10時半ごろになるので、時間にゆとりをもって行動するためには前泊するほうがいい。

もう一つの方法は登山口へ直通する登山バスでアクセスすること。登山バスは名古屋を深夜に出て登山口に早朝に到着するので、バス利用であれば前泊する必要はない。Cさんは電車とバスのどちらがいいかを2人に尋ねたところ、Eさんから前泊してもいいから電車で行きたいという返信があった。Dさんもそれでいいというので、電車で行くことにする。前泊地は宿泊施設の多い松本駅が候補地になりそうだが、前泊する宿については山小屋の宿泊予約がとれてからあらためて探すことにする。

帰りは上高地バスターミナルからバスで新島々（しんしましま）駅へ行き、アルピコ交通上高地線に乗り換えて松本駅に出る。帰りのバスは１時間に１～２本ある。松本駅からは行きと同様にＪＲを利用して名古屋駅へ戻る。20時台に松本を出る特急しなのがあるので、帰路も特急列車に乗って名古屋へ帰れそうだ。

６ 山行の予定日を決める

今回の山行に合わせて３人とも夏休みをとることになっており、日程決めはＣさんに任されていた。気象庁の３カ月予報を見ると７月後半と８月は晴れの日が多くなる見込みとのこと。関東甲信地方の梅雨明けの時期を調べると平年値は７月19日ごろだったが、昨年の梅雨明けは８月１日ごろ。７月下旬に梅雨明けしていないこともあるので、山行は８月上旬に設定したほうがよさそうだ。カレンダーを見ると今年の８月１日は日曜。例年、夏季の土曜は特に混雑するので、Ｃさんは土曜に山小屋に宿泊するのは避けたほうがいいと思い、８月１日に常念小屋、２日に蝶ヶ岳ヒュッテに宿泊する日程に決める。そして７月31日を前泊日、８月３日を悪天時に備えた予備日にすることにし、２人にこの日程を連絡する。（参考ポイント＝Ｐ91②・③）

7 山小屋に予約を入れる

第1章で説明したように、2021年度は新型コロナウイルス感染拡大防止のため山小屋は定員よりも受け入れ人数を制限して営業している。そのため、混雑する時期には早めに宿泊の予約を入れるようにしたい。2021年度、常念小屋と蝶ヶ岳ヒュッテはどちらも完全予約制になっていて、予約は宿泊日の1カ月前から受け付けていた。この2つの山小屋に宿泊できない場合にはテント泊にするか（テント場の利用については予約不要）、コースを変更しなければいけなくなるので、Cさんは受け付け開始日に電話を入れて予約をとった。

前泊する宿の選択と予約はDさんとEさんに任せたが、大糸線の駅から歩いていける宿にするように頼んだ。後日、Eさんから松本駅周辺を散策してみたいので駅近くのビジネスホテルを予約したという連絡があった。

8 コースの流れを知る

山行のスケジュールを組む前に、Cさんはガイドブックと地図を見ながら歩くコースの状況を調べた。1日目はトイレや登山補導所のある一ノ沢登山口をスタートし、一ノ沢に沿って進んでいく。手ごわそうなのは胸突八丁（むなつきはっちょう）と呼ばれる急坂。谷側が切れ落ちた箇所もあるので、慎重に登ったほう

南側の 2512 mピークから見た常念岳。常念岳～最低鞍部間は岩礫の多い道を行く

のびやかな蝶ヶ岳付近の稜線。この付近は稜線が２本並行する二重山稜になっている

がよさそうだ。常念小屋の立つ主稜線直下の道も急傾斜だ。

2日目は岩塊の多い道を登って常念岳山頂へ向かう。山頂からは最低鞍部まで下りとなる。急傾斜の箇所も多く、岩や石がゴロゴロと転がる道なので浮き石に注意が必要だ。小ピークを過ぎるとニッコウキスゲなどが咲くお花畑がある。蝶ヶ岳三角点を過ぎると広い稜線となるので、霧が出て視界がきかないときはルートを確認しながら進んだほうがよさそうだ。瞑想(めいそう)の丘と呼ばれる地点が蝶ヶ岳の山頂になっていて、2日目の宿となる蝶ヶ岳ヒュッテはそのすぐ下にある。

3日目は蝶ヶ岳の最高点に立って南西へ進み、長塀山を過ぎて長塀尾根を下る。2000mの平を過ぎると間もなく樹林帯の急な下りとなる。徳沢まで1時間ほど下りが続くので、スリップしないように注意したい。徳沢から上高地までは歩きやすい平坦な道を行く。

予定コースの下調べをした後、Cさんはエスケープルートについて考える。常念岳の手前から前常念岳経由で三股へ下る道があるが、前常念岳からかなり急な道が続く難路で、歩くのは避けたほうがよさそうだ。蝶ヶ岳から三股へ下る蝶ヶ岳新道には難所がなく、よく利用されていて、蝶ヶ岳から上高地へ下るよりもコースタイムは1時間50分ほど短い。この結果、Cさんは2日目以降、天候が悪化したら常念岳から蝶ヶ岳へ縦走せずに一ノ沢登山口へ下山することに決めた。また、3日目に天候が不安定なときには蝶ヶ岳から蝶ヶ岳新道を下ることにする。(参考ポイント=P99①)

9 山行のスケジュールを組む

１日目は一ノ沢登山口から常念小屋まで歩く。コースタイムは4時間40分だが、登りの累積標高差は約１２７０ｍあり、Ｃさんたちにとっては楽な行程ではない。Ｃさんたちは鈴鹿や奥美濃の山ではほぼコースタイムどおりのペースで歩いているが、１日目はコースタイムよりもやや長めの５時間の歩行時間を想定した。そして、昼食時間含めて休憩に１時間をとり、６時間の行動時間を想定し、８時半～9時ごろに登山口を出発することにする。松本駅7時15分発の大糸線の電車に乗って穂高駅でタクシーに乗り換えれば8時20分ごろには登山口に到着できるので、この電車に乗ることにし、登山口を出発する時刻を8時半に設定した。途中にある休憩適地の王滝（大滝）ベンチには10時20～30分ごろ、常念小屋には14時半に到着予定となる。

２日目は常念小屋から常念岳へと登り、蝶ヶ岳へと縦走する。コースタイムは5時間25分で、累積標高差は登り約９５０ｍ、下り約７４０ｍ。１日目の登りの疲れも考慮に入れ、Ｃさんはこの日も少し長めの6時間の歩行時間を考える。休憩時間には1時間半をとり、7時間半の行動時間を想定した。朝食後、常念小屋を6時半に出発。常念岳に8時15分ごろに登頂し、途中で昼食をとって蝶ヶ岳三角点に14時前に着く。三角点から蝶ヶ岳ヒュッテまでのコースタイムは40分ほど。ヒュッテには15時ごろまでに着けばよく、時間に余裕があるので、昼食を行動食にせずに、バーナーを使って何か料理を作ってもよさそうだ。

3日目は長塀尾根を下って上高地へ下山する。コースタイムは5時間10分で、累積標高差は登り約390m、下り約1540m。急傾斜の下りもあってゆっくり歩いたほうがいいので、歩行時間を5時間40分、休憩時間を1時間20分と考え、7時間の行動時間を想定する。蝶ヶ岳ヒュッテを6時半に出発し、長塀山には7時半ごろ、徳沢には11時ごろに到着予定となる。時間的に見て、昼食は上高地周辺にあるレストランや食堂で食べてもよさそうだ。昼食を済ませた後、上高地バスターミナルに13時半ごろに到着する。（参考ポイント＝P83①）

10 交通機関の予約をする

前泊日にあたる7月31日はお昼前に松本駅に到着する特急列車で行くことにし、名古屋駅9時発のしなのを予約する。松本駅には11時4分に到着予定だ。名古屋駅までのアクセス経路は3人とも違うので、31日はしなのが発車する名古屋駅10番ホームで8時45分に待ち合わせることにした。

山行初日の8月1日は穂高駅からタクシーを利用する。穂高駅にはタクシー乗り場があるが、常駐している車は多くなさそうだ。Cさんは7時50分に穂高駅に迎えにきてくれるように地元のタクシー会社に予約を入れた。

帰りに上高地から乗るバスについて調べたところ、予約制になっていた。バスターミナルへの到着予定時刻は13時半ごろなので、14時5分発のバスに乗れそうだが、必ずしも予定どおりに下山できるとは限らない。バス会社のホームページを見たところ、スマートフォンから予約することも可能だった。徳沢～上高地間は平坦な道なので、徳沢まで下ってくればバスターミナルに着く時刻を予測できるため、徳沢に着いてからスマホでバスの予約を入れることにする。

11 行動予定を登山計画書にまとめる

スケジュールが固まったので、Cさんは登山計画書を作成する。計画書には3日間のスケジュールのほか、名古屋駅での待ち合わせ時刻、宿泊する山小屋や予約したタクシー会社の電話番号、下山後に乗車する上高地～新島々駅間のバスの時刻なども記入した。完成した計画書をDさんとEさんにメールで送るときに、体調を万全にしておくようにと書き添えた。また、Cさんは山行時に携帯できるように計画書を印刷し、家族にも印刷したものを渡した。

長野県内で指定された登山道を通行する場合には県への登山計画書の届け出が必要で、今回の常念岳・蝶ヶ岳のコースも指定登山道になっている。Cさんは長野県の電子申請サービスを利用し、ワードで作成した計画書を送った。（参考ポイント＝P45②）

12 必要な装備を用意し、山行中の食事メニューを考える

今回のコース中には岩場などの難所はないが、急傾斜の下りが何カ所かあり、3日目は標高差1500mを超える長い下りになる。Cさんは急傾斜の登下降に備えてトレッキングポールと機能性タイツを用意することにした。森林限界を越えた稜線上では風が強いことがあるので、防風性を備えた防寒着も準備する。また、3日間の日程なので、スマートフォン用のモバイルバッテリーと充電ケーブル、ヘッドランプの予備電池なども用意する。CさんはDさんとEさんにもコース中の注意箇所と携行したほうがいい装備を伝えた。

次に山行3日間の食事メニューを考える。前泊するビジネスホテルでは6時から朝食をとることができるので、1日目はホテルで朝食を済ませてから出発する。ホテルから松本駅に向かう途中にコンビニエンスストアがあるので、そこで昼食用におにぎりやパンを購入。夕食と2日目の朝食は常念小屋で食べる。2日目の行程は時間的に余裕があるので、Cさんは昼食にパスタを作ることにした。食材とクッカーはCさんが持っていき、Dさんにはバーナーとカートリッジを、Eさんには食後に食べるデザートを用意してもらうことにする。夕食と3日目の朝食は蝶ヶ岳ヒュッテで済ませ、昼食は上高地に下山してから食べる。また、行動食と非常食のほかに、予備日用としてフリーズドライのにゅうめんを3食分持っていくことにする。（参考ポイント＝P112①・③）

13 天気予報をチェックし、山行に備える

この年、関東甲信地方は例年より早く７月16日ごろに梅雨明けした。梅雨明け後、長野県ではしばらく好天が続く予報になっており、Ｃさんは山行をもう１週間早めてもよかったなと思った。山行の１週間前になり、Ｃさんが週間天気予報を見たところ、８月１〜３日は好天の予報で、予定どおりに行くことができそうだ。

なお、山岳地の天気が平野部と異なることは少なくない。北アルプスなどの主要な山域と、槍ヶ岳など主要山岳の山頂の天気予報を行なっている山岳専門の気象予報（「ヤマテン」）を利用すると山岳地のピンポイントな情報が得られる。

出発２日前になって常念小屋と蝶ヶ岳ヒュッテのホームページを見たところ、登山道の状況に変化はなく、一ノ沢登山口へのアクセスの道路も問題なく通行できることがわかった。出発前日に天気予報を見ると、８月１日と２日は晴れ時々曇り、３日は曇り時々晴れの予報。ＣさんはＤさんとＥさんに予定どおりに出発すると連絡を入れた。

山行予定日に荒天が予想される場合には山小屋へ連絡を入れて宿泊をキャンセルするほうがいい。もし休みがとれるのであれば山行の日程を変更してもいいが、８月の北アルプスの山小屋は平日でも満室になっていることがあるので、希望どおりの日程に変更できない場合もある。

3—1人で初めてのテント泊山行へ

1 計画の概要を考える

このパートでは、東京に住むFさんが登山計画を立てる設定で流れを追っていく。登山歴8年になるFさんは奥多摩の山を中心に登っており、山小屋を利用して北アルプスの槍ヶ岳や南アルプスの北岳へ登ったこともある。今年、Fさんはテント装備をそろえ、紅葉の時期にマイカーを利用して初めてのテント泊山行へ出かけようと考えた。Fさんが試しにテント泊山行の装備一式をザックに詰めて重さを量ったところ、11～12kgあった。これまでにこれほどの重さの荷物を担いで山へ行ったことがないので、どれくらいの歩行ペースで、どれくらいの距離を歩けるのかはわからない。今回は1泊2日の日程にし、縦走登山ではなく、宿泊地から目的のピークを往復できる定着（ベースキャンプ）型にしようと考えた。

2 候補となるテント場を探す

Fさんが東京から1泊2日で行けるエリアから定着型のテント場を探したところ、以下が候補になった。奥秩父・瑞牆(みずがき)山南方の富士見平、奥秩父・笠取(かさとり)山の南西にある笠取小屋、八ヶ岳・赤岳の北西に位置する赤岳鉱泉と行者(ぎょうじゃ)小屋。北アルプスの穂高連峰に囲まれた涸沢(かわさわ)や、南アルプスの甲斐駒ヶ岳・仙丈(せんじょう)ヶ岳登山の起点となる北沢峠も定着型のテント場で、Fさんはいつか行ってみたいと思ったが、1泊2日の日程で訪れるのは難しいので、今回は候補から外した。

3 訪れるコースの条件を考え、テント場を決める

山を選ぶにあたって、Fさんはどんなテント場と登山コースがいいのかを考えてみる。今回は初めて10kgを超える荷物を担いでいくので、登山口からテント場までのコースタイムは3時間以内の所にしたい。2日目はピークを往復した後、テントを撤収してから下山して東京に戻るので、テント場から目的のピークまでは往復で3時間以内が望ましい。また、マイカー利用なので、登山口近くに駐車場があることも条件の一つだ。

奥秩父・富士見平は西側の瑞牆山荘から50分ほどの行きやすい場所にある。テント場はミズナラなどの広葉樹に囲まれていて、近くに湧き水を利用した水場がある。富士見平から北側の瑞牆山

（2230m）を往復した場合のコースタイムは3時間半。東にそびえる金峰山（2599m）へ行くこともできるが、往復したときのコースタイムは6時間20分になり、金峰山へ足を延ばすには2泊3日の日程が必要になりそうだ。

奥秩父・笠取小屋の登山口は南側の作場平。作場平から一休坂経由で笠取小屋へ行ったときのコースタイムは2時間で、登りの累積標高差は約540m。テント場は樹林沿いにあり、水場ではおいしい水が流れ出ている。笠取小屋から笠取山（1953m）を往復すると歩行時間は1時間20分で、笠取山の南面には山腹を行く「源流のみち」と呼ばれる道もつけられている。

八ヶ岳の赤岳鉱泉と行者小屋へは、バス停と駐車場のある美濃戸口からアプローチする。美濃戸口から赤岳鉱泉までは北沢コース経由でコースタイム3時間、登りの累積標高差約830m、行者小屋までは南沢コース経由でコースタイム3時間10分、登りの累積標高差約980m。美濃戸口の東にある美濃戸にも駐車場があり、美濃戸から歩き始めれば歩行時間を1時間ほど短縮できる。どちらのテント場にも水場があり、赤岳鉱泉のテント場からは横岳の岩峰、行者小屋からは赤岳を間近に望める。赤岳鉱泉からは硫黄岳（2760m）へ登りやすく、往復した場合のコースタイムは3時間半ほど。行者小屋から地蔵尾根をたどって赤岳（2899m）に登り、文三郎道経由で戻った場合のコースタイムも約3時間半だ。

Fさんは候補に挙げたテント場とコースを比較してみた。せっかくなのでテント装備を担いで2時間くらいは歩いてみたい。富士見平は登山口から近すぎるので、笠取小屋か、美濃戸起点の行者小屋のどちらかにしようと思った。赤岳への登下降は急峻な箇所が多く、鎖場や岩稜帯もあって技術的に手ごわいコース。今回の山行はテントに泊まることがいちばんの目的なので、Fさんは登りやすい笠取山へ行くことに決めた。（参考ポイント＝P112②）

4 歩くコースを決める

駐車場のある作場平から笠取小屋へは一休坂経由の道とヤブ沢峠経由の道がある。笠取小屋までのコースタイムは同じだが、一休坂経由の道は傾斜がやや急だ。ヤブ沢峠経由の道はヤブ沢沿いを進んだ後、峠からなだらかな道を行く。今回は荷物が重いので、Fさんは全体的に傾斜が緩やかなヤブ沢峠経由の道を登りに使い、一休坂経由の道を下山時に利用することにした。

2日目は笠取小屋から雁(がん)峠分岐を経て笠取山の山頂へ行く。山頂までは1時間ほどの道のりなので、往復コースにはせずに、少し寄り道をしてテント場に戻ろうとFさんは考える。東側に標高2109mの唐松尾山があり、山頂の北側にある岩場から眺めがいいようだが、笠取山から2時間ほどかかってしまうので、ちょっと遠すぎる。笠取山から東へ行って多摩川の水源地である水干(みずひ)に寄

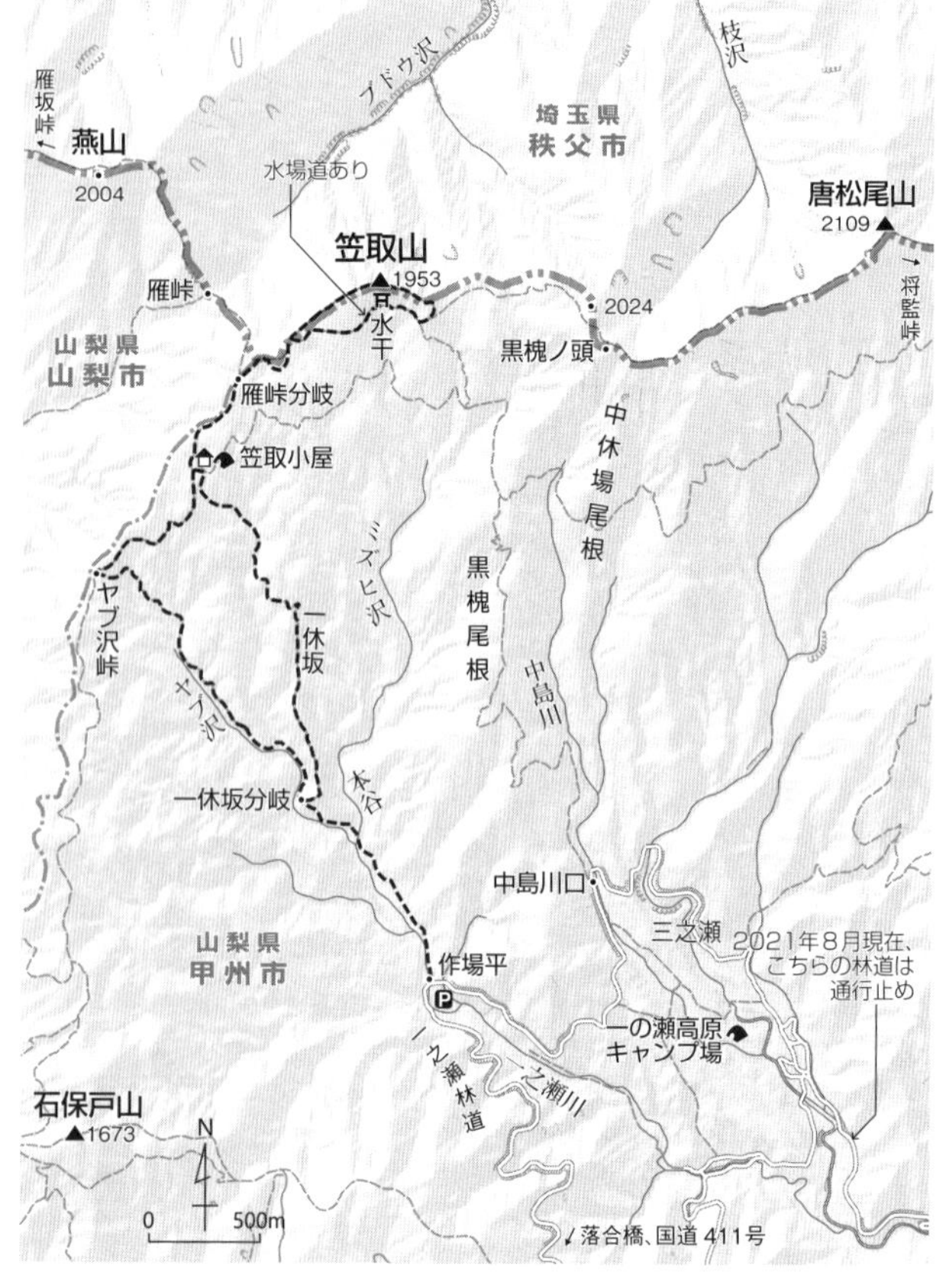

雁坂峠
燕山
2004
ブドウ沢
枝沢
埼玉県
秩父市
水場道あり
唐松尾山
2109
笠取山
1953
雁峠
2024
将監峠
水干
山梨県
山梨市
黒槐ノ頭
雁峠分岐
中休場尾根
笠取小屋
ミズヒ沢
黒槐尾根
一休坂
ヤブ沢峠
中島川
ヤブ沢
本谷
一休坂分岐
中島川口
三之瀬
2021年8月現在、
こちらの林道は
通行止め
山梨県
甲州市
作場平
一の瀬高原
キャンプ場
一之瀬林道
一之瀬川
石保戸山
1673
N
0
500m
落合橋、国道411号

って笠取小屋へ戻る道があったので、Ｆさんはその周回コースをたどってテント場に戻ることにする。テント場からは一休坂経由で作場平へと下る。

５ マイカーでのアクセスルートを考える

笠取山登山口の作場平へは国道４１１号から一之瀬林道を経由してアクセスするが、４１１号へは中央自動車道の勝沼インターか、圏央道の日の出インターから向かう。Ｆさんの自宅に近い首都高速道路の永福インターから勝沼インターまでの距離は約94㎞（所要約1時間15分）、勝沼インターから作場平までは約37㎞（所要約1時間）。永福インターから日の出インターまでは約51㎞（所要約40分）、日の出インターから作場平までは約70㎞（所要約1時間45分）。一般道を走る距離が短いぶん、勝沼インターからアプローチするほうが時間的に少し短い。作場平へつながる林道の入口は落合橋（勝沼インター側）とおいらん淵付近（日の出インター側）の2カ所にあるので、Ｆさんはどちらから入るほうが走りやすいかを調べたところ、おいらん淵から入る道は崩落のため通行止めになっていた。そのため、Ｆさんは勝沼インターから行くことにする。

Ｆさんはグーグルマップのストリートビューを見ながら国道４１１号と林道の分岐点を調べたところ、源水館という旅館を過ぎると一之瀬方面を示す案内板があり、その先で林道が左に分かれていた。また、作場平の駐車場には約20台分のスペースがあり、近くにトイレがあることもわかった。

笠取山南面の森林は水道水源林になっていて、東京都水道局が水干や多摩川源流へ行く歩道を整備しており、水道局のホームページに作場平方面へのアクセス情報が紹介されている。２０２０年の8月、私は笠取山に登るため、この水道局のサイトを見たところ、おいらん淵から入る林道が通行止めになっていて（台風によって崩落した箇所があるため）、落合橋側の林道を利用するようにと記されていた。8月下旬になって私はマイカーで作場平へ向かったが、林道入口に着くと落合橋側の道も整備のための工事で通行止めになっていた。林道が2本とも通行できないと作場平だけでなく、一の瀬高原キャンプ場などの施設にもアクセスできない。夏休みの時期にこんなことがあるのかと驚いたが、新型コロナウイルス感染拡大の影響でキャンプ場などの施設が休業していたのかもしれない。施設が休業しているのならその間に傷んだ道路を補修しておこうと考えるのはもっともなことだ。笠取山に登れずに帰宅した私はパソコンで水道局のサイトを見たが、やはり落合橋側の林道が通行止めであるという情報は載っていなかった。地元の甲州市観光協会のホームページでこの情報を探したところ、お知らせの欄に記されていた。

林道が2本とも通行止めになることはないだろうと思い込み、私が甲州市のサイトを確認しなかったことがこの失敗につながった。登山口に通じる道路が地元民の生活道路であることは多く、登山者の行動スタイルに関係なく、道路工事が行なわれて通行止めになることがある。また、おいらん淵側の林道のように、台風や大雨の後に山岳地の道路が通行できなくなることも少なくない。さらに、登山口につながる林道が冬季などに通行止めになることもあり、たとえば北アルプス・薬師岳などの登山口となる折立（おりたて）へ通じる有峰（ありみね）林道が利用できるのは例年6月上旬から11月中旬だ。私と同じ失敗をしないように、アクセスに利用する道路の状況を入念に調べて計画を立てるようにしたい。（参考ポイント＝Ｐ１１６②）

6 山行の予定日を決める

気象庁の1カ月予報を見ると、東日本の10月の天気は数日の周期で変わるとのことだった。笠取山の紅葉の時期は10月上旬から下旬ごろ。Ｆさんがインターネットでここ数年の山行記録をチェックしたところ、10月下旬に訪れて紅葉の真っ盛りだったと記したものが多かった。今回はマイカー利用なので、山行を土・日に設定すると行き帰りの道路が混雑しそうだ。Ｆさんは金曜に休みをとって金・土で行くことにし、10月23日（金）・24日（土）を山行予定日にした。23日の天候が悪かった場合には10月24・25日の土・日の日程に変更し、紅葉の見頃が早まった場合には山行を1週間早めることにした。（参考ポイント＝Ｐ１１６①）

7 コースの流れを知る

Fさんはガイドブックと地図を見ながらコースの様子を調べた。1日目は作場平から樹林の中を登り、一休坂分岐でヤブ沢経由の道に入る。分岐からヤブ沢沿いに進んでいくが、傾斜は緩やかで沢沿いでは美しい紅葉が楽しめるようだ。ヤブ沢峠から笠取小屋までは林道のような平坦な道を行くので、重い荷物を背負っていても歩きやすそうだ。テント場は小屋の西側にあり、小屋から2〜3分ほど下った所に水場があった。

2日目は笠取小屋から樹林の中の緩やかな道を進む。雁峠分岐を過ぎ、小ピークの右を進むと笠取山への登りになる。この登りはかなりの急傾斜だ。笠取山山頂部にはピークがいくつかあり、西峰に山梨百名山の標柱が立っていて、小屋からこのピークを往復する登山者が多いようだ。そこから東へ進むと岩場が現われ、少し手ごわい道になるが、この日は少ない荷物で行動できるので通過するのに苦戦することはないだろう。1953mと記された標柱のある最高点から東へ行くと奥秩父の主脈縦走路に出て、右の水干方面へ行く。山腹を横切っていく道を進むと多摩川の源頭にある水干があるが、水をくめるほどの水量はないようだ。その先に多摩川源流へ行く水場道が2本あるので、この道を歩いて源流の水をくんでいこう。

笠取小屋に戻ったら一休坂を経由する道に入る。初めは沢沿いの緩やかな道だが、一休坂付近で

笠取山の山頂部。急傾斜の道を登ると西峰の山頂にたどり着く

笠取小屋のテント場。利用者が多いと小屋のそばにテントを張ることもある

傾斜がやや増してくる。このあたりではミズナラやカエデの紅葉が見られるようだ。一休坂分岐に出たら往路を作場平へと戻る。

次にFさんはエスケープルートについて検討し、2日目に天候が悪化したときには笠取山に登らずに下山することにした。その場合は、往路と同様に傾斜が緩やかなヤブ沢峠経由の道を下ることにする。（参考ポイント＝P99①）

8 山行中の食事メニューを考える

テント泊山行では食事作りは重要なパート。バーナーやクッカーを使わないメニュー（携行したおにぎりやパンなど）にすると食事の時間は20分程度で済むが、バーナーを使って料理を作って後片づけをすると40分程度はかかってしまう。食事のメニューがスケジュールを左右するので、料理をする回数が多いテント泊山行の場合はその日の行程を考えながらメニューを決めよう。

Fさんはメニューを考えるため、インターネットなどでテント泊山行向けのレシピを調べた。食材には傷みにくく、軽くてかさばらないものを使い、短時間でできてしっかりカロリーのとれる料理を作るのが理想的だ。ただ、普段料理をほとんどしていないFさんが作るには難しそうなメニューが多く、なににしたらいいのか悩んでしまい、Fさんはインスタント食品やフリーズドライを活用することにする。

１日目の昼食はコンビニエンスストアのおにぎりなどで済ませてしまおうかと考えたが、この日は行程が短い。昼食を作る時間的な余裕はあるので、定番のラーメンにすることに。２日目の朝はパンとスープにし、パンは焼き網を持っていってトーストすることにした。パンには缶詰のツナやキュウリ、プチトマトを載せよう。昼はテント場に戻ってきてから作るが、食べ終わって片づけをして下山しなければいけないので、時間をかけないで作れるものがいい。そこで、お湯を注げば食べられるアルファ米のドライカレーにすることに。これに多摩川源流でくんだ水を使ったスープとコーヒーを添えることにする。

残りは１日目の夕食だ。昼食のような簡単料理だけではちょっと寂しい気がする。Ｆさんは作りやすい鍋料理にして、最後にうどんを入れてはどうかと考えた。だが、鍋の汁を使い切りたい。残り汁を使って２日目の朝食に雑炊を作ることも考えられるが、Ｆさんはうまく雑炊を作れる自信がなかった。トースト用に焼き網を携行するので、Ｆさんは網で野菜を焼くことを思いつく。野菜を下茹でするのは面倒なので、持っていくものは下茹でしなくてもいいネギやナスなどにしよう。常温保存できるウインナーがあるので、それも持っていって一緒に焼こう。主食にはフリーズドライを利用して親子丼を作ることにした。（参考ポイント＝Ｐ１１２③）

9 山行のスケジュールを組む

1日目は作場平から笠取小屋までの行程で、コースタイムは2時間。Fさんは日帰り山行のときにはコースタイムよりもやや速いペースで歩いているが、今回は重荷を背負うので歩行時間を長めに設定し、2時間半と考えた。途中で昼食を作るので休憩時間も長めにとることにし、作場平を10時半に出発することにする。自宅から作場平までの所要時間は休憩を含めて3時間半と考え、自宅をマイカーで7時に出発する。平日に首都高速道路と中央自動車道を下りで利用するので、Fさんはどちらも渋滞はしないだろうと予想した。1日目は14時半~15時ごろに笠取小屋のテント場に到着する予定だ。

2日目はテント場から笠取山、水干を経てテント場に戻る周回コースを歩く。コースの途中で水場道に寄って多摩川源流を往復するので、コースタイムは2時間ほどだ。笠取山山頂部周辺はアップダウンがあるようだが、テント場からサブザックで歩くので、歩行時間はコースタイムどおりの2時間、休憩は30分と考える。朝食を済ませて片づけをしてから出発するので、テント場を出発するのは7時半ごろと予想し、笠取山山頂には8時半ごろの到着を予定する。テント場には10時ごろに戻ることになるので、昼食をとるには時間的にまだ早すぎる。荷物を整理したら10時半ごろに下山を開始し、下山途中で昼食をとることにする。笠取小屋から一休坂経由で作場平へ下った場合のコースタイムは１時間20分。この区間はテント装備を担いで行動するので、歩行時間は１時間50分、休憩は昼食含めて50分を考え、作場平に13時10分ごろに下山という予定にした。（参考ポイント＝P１１２②）

10 行動予定を登山計画書にまとめる

Fさんは２日間のスケジュールを記した登山計画書と、４食分のメニューを記した献立表を作成する。献立表には必要な食材のリストも記入し、夕食用のネギを昼食のラーメンにも少し入れることにした。

笠取小屋のある山梨県ではオリジナルの登山計画書をメールでも受け付けているので、Fさんは計画書をメールに添付して県の観光資源課へ送信した。また、時々山行をともにする会社の仲間にも計画書を渡しておいた。（参考ポイント＝P45②）

11 必要な装備を用意する

テント泊山行ではテント関連の装備と炊事用具が多くなるので、Fさんは忘れ物をしないように装備チェックリストを作成する。Fさんはこれまでにテントに泊まった経験はあり、シュラフやテントマットなどの装備は持っていたが、今回の山行に向けて1人用のテントとランタンを購入した。そのため、テントを試し張りし、ランタンもカートリッジにセットして点火し、使い方を確認した。また、久しぶりに使うシュラフやテントマットを陰干しし、ほつれや穴がないかなどを点検した。

炊事用具にはクッカーセットのほか、焼き網やカッティングボード（まな板）などを用意する。このほか、2日目の笠取山登山時に利用する小型のサブザック、重荷を背負って歩くので体をサポートするためのトレッキングポール、夜にテント内で着用する防寒着などを持っていくことにする。また、献立表に記した食材リストを見ながら必要な材料や調味料をそろえていく。野菜類は山行前日に用意することにした。（参考ポイント＝P18②、P112①、P133①、P138①）

12 紅葉の状況や天気予報をチェックし、山行に備える

10月上旬になり、Fさんはインターネットで笠取山の直近の山行記録をチェックし始めた。10月11日の記録を見ると、下部ではまだ紅葉は見られなかったが、笠取小屋から上部で紅葉が進んできていると記されていた。この様子であればやはり10月下旬が紅葉のピークになりそうだ。翌週の17日の記録では紅葉前線はヤブ沢峠付近まで下りてきていた。来週になればヤブ沢沿いの道や一休坂付近でも紅葉が楽しめそうだ。週間天気予報を見ると1日目の23日（金）は曇り、24日（土）と25

日（日）は晴れ時々曇りの予報。この予報は21日になっても変わらなかった。Ｆさんは出発を１日遅らせて24・25日の日程にしようかと考えたが、紅葉の時期の週末はテント場も混雑しそうだ。それに作場平から笠取小屋までは樹林の中を行くので、眺めのよい笠取山に登る２日目に天気がよければ展望を楽しめる。Ｆさんは予定どおり23日に出発することにした。

登山道の状況や作場平へ通じる林道の状況を確認してみると、おいらん淵側の林道は通行止めのままだったが、落合橋から延びる林道や登山道の通行には支障がないようだった。

山行前日に持っていく野菜の準備をする。ネギなどを水洗いし、携行しやすい長さにしてラップでくるみ、山ですぐに使えるようにした。装備チェックリストを見ながらパッキングもあらかた終える。密封パックに入れた野菜は登山口に着くまでクーラーボックスの中に入れておき、出発前にザックに入れることにする。Ｆさんは登山靴やトレッキングポールなどの装備を車に積み終えた後、明日に備えて早めに就寝した。（参考ポイント＝Ｐ１１６①・②）

コラム③

登山の鉄則は安全な山歩きの道しるべ

5年ほど前の夏、北陸の白山へ行った。JR金沢駅近くに前泊し、駅6時発の登山バスに乗って登山口の別当出合へ行き、8時半ごろに登り始めた。青空のもと、仲間とゆっくり歩いて宿泊する白山室堂に14時半ごろに到着。部屋にザックを置いた後、小屋の前にあるベンチで仲間と談笑しているとにわかに厚い雲が空を覆い始めた。慌てて小屋の中に入ったが、15時半すぎに土砂降りの雨になった。その激しい雨の中、小屋に到着する登山者が多くいて、天候の変わりやすい山では早発ち早着きが大事だなとあらためて感じた。

「悪天時には無理には行動しない」「現在地がわからなくなったときは歩いてきた道を引き返す」など、早発ち早着き以外にも登山の鉄則や原則とされることはいくつかあるが、これらに従って行動したことによって無事に下山できたと感じる機会は少なくない。そのなかで特に印象に残っているのが、15年ほど前、登山ガイドブックの改訂に携わったときのことだ。

改訂の主な仕事は掲載している登山コースの状況に変化がないかや、アクセス情報に変更がないかを調べることで、私の担当コースの一つに中央本線沿線の百蔵（ももくら）山があった。ガイドブックで紹介していたのは、南西側の福泉（ふくせん）寺前から主稜線上の８００ｍピークに出て百蔵山へ登り、西ルートを下るコース。二度ほどこのコースを歩いてみたが、私には気になることが一つあった。それはガイドブックの地図に載っていた８００ｍピークから西へ続く道のこと。この道は国土地理院の地形図にも表示されていて、ピークから２００ｍほど西へ行った後、主稜線上から離れて南へ進み、葛野（かずの）方面へと続いていた。８００ｍピークへ行ったときに状況を調べたところ、主稜線上には福泉寺方面を示す道標しかなかったが、薄い踏み跡が西へ続いていた。だが、インターネットでこのルートを歩いた記録を探してもまったく見つからない。こちらにもコースがあるのかと入り込んでしまう読者がいるかもしれないので地図にコース情報を書き加えたいと思った私は、そのコースを歩いてみることにした。

当時はＧＰＳを使用していなかった私は、地形図やコンパス、高度計などを用意して百蔵山へ出かけた。８００ｍピークから西へ進むと踏み跡はすぐに不明瞭になる。尾根上には倒木が多く、状況からほとんど利用されていないルートだとわかる。地形図を見ると葛野方面へのコースは標高７２０ｍ地点で主稜線から離れて南へ進んでいるのだが、その付近に南へ分かれる踏み跡はなかった。何度か登り下りを繰り返して探したがやはり見つからないし、尾根上の踏み跡も判別できないほどだ。この時点で地図に「不明瞭なコースなので入らないように」と注記を入れようと決め、調査を終えてピークまで登り返そうと思った。だが、もしかすると地図が間違っていて、もう少し先に道があるかもしれない。そう考え直し、私はさらに下ることにした。

尾根の傾斜はどんどん急になり、まっすぐ下れないほどの急坂になった。そして、分岐するルートを見つけられないまま谷の中へと迷い込んでしまう。行く手には沢が流れている。だが、道に迷ったとき、沢に沿って下ってはいけない。地形図を見て、葛野方面への登山道が表示されている尾根の北側の谷に自分がいると判断する。道を見失ったときには見通しのよい高みや尾根へ上がることが原則なので、私は南側の尾根上へ登ることにした。急斜面を必死に登って尾根上に出ると植林が広がっていた。かなり手入れが行き届いた植林で、定期的に管理が行なわれていることがわかった。尾根上に明瞭な登山道はつけられていなかったが、私は植林の尾根を進むことにする。尾根を下っていくと作業道と思われる踏み跡があり、それをたどると道路に出た。

このときは、沢へ下らない、高みに登り返すという、登山道を見失ったときの原則どおりに行動したことで、なんとか下山できた。引き返す時機を逸したことによって苦戦したが、コースの状況を調査したことによって百蔵山のコースガイドに800mピークから西へ行く道は荒れているという情報を加えることができ、自分の責務を全うすることができた。えっ、それは単なる自己満足？

大武 仁（おおたけ・じん）

フリーエディター・ライター。出版社に20年ほど勤務した後、フリーランスに。出版社在籍時から多くの山岳図書・雑誌の編集や執筆に携わる。取材を含めて日本各地の山へ出かけており、なかでも奥多摩の山へは足しげく通っている。編・著書に『山歩き安全マップ ステップアップ 奥多摩・高尾』『日本百名山ベストプランＢＯＯＫ』、共著に『これで身につく山歩き 誰でもわかる地図の読み方』（すべてJTBパブリッシング）などがある。

失敗から学ぶ登山術
トラブルを防ぐカギは計画と準備にあり

ヤマケイ新書 YS062

2021年11月20日　初版第1刷発行

著　者　大武 仁
発行人　川崎深雪
発行所　株式会社 山と溪谷社
〒101-0051
東京都千代田区神田神保町1丁目105番地
https://www.yamakei.co.jp/
■乱丁・落丁のお問合せ先
山と溪谷社自動応答サービス　電話03-6837-5018
受付時間／10時～12時、13時～17時30分
（土日、祝日を除く）
■内容に関するお問合せ先
山と溪谷社　電話03-6744-1900（代表）
■書店・取次様からのご注文先
山と溪谷社受注センター　電話048-458-3455
ファクス048-421-0513
■書店・取次様からのご注文以外のお問合せ先
eigyo@yamakei.co.jp

印刷・製本　図書印刷株式会社

定価はカバーに表示してあります

Printed in Japan ISBN978-4-635-51076-9